中国农业风险管理
发展报告 2021

中国农业风险管理研究会　编

中国农业出版社

北　京

前　　言

农业是国民经济的基础，是安天下、稳民心的战略产业，同时也是风险较高的弱质产业。当前，我国农业发展面临百年未有之大变局和全球新冠肺炎疫情持续蔓延等多重风险挑战，必须做好应对预案，未雨绸缪。农业风险管理作为防范和化解农业领域各种风险的重要手段，对全面实施乡村振兴战略、推进农业农村现代化意义重大。

农业风险管理是推进农业现代化的重要保障。我国农业已进入新的发展阶段，正由单纯追求量的增长转向更加重视质的提升。但客观上我国农业发展的质量和效益还不高，农业发展的竞争力还不强，各类风险对农业造成的冲击和损耗还比较大。如2017—2019年连续3年，全国各类自然灾害造成的直接经济损失分别是3 018.7亿元、2 644.6亿元、3 270.9亿元，年均损失接近3 000亿元。现阶段，各种自然灾害、动物疫病等风险种类不断增多，复杂性日益凸显，传导性明显增强，影响效果逐渐放大。有效防范和化解农业领域的重大风险，是我国农业平稳健康发展和实现农业现代化的重要保障。

农业风险管理是推进农业供给侧结构性改革的重要手段。经过多年发展和积累，我国农业风险管理制度不断健全，政策逐步完善，基本形成了涵盖灾害预警监测、植物病虫害防治、动物疫病防控、农业保险、农产品期货、收储调控、赈灾救助、边境检验检疫与贸易救济等在内的农业风险管理体系，在促进产业发展、优化农业结构、增强发展动能中发挥了重要作用。新发展阶段，我国农产品消费结构需要全面升级，农业竞争力亟须提高，农业效益亟待提升，农业资源要素配置需要优化，推进农业供给侧结构性改革，必须进一步发挥农业风险管理工具的作用，形成支持有力、保障有效的风险管理体系。

农业风险管理是防范化解系统性风险的重要基础。习近平总书记强调，越是面对风险挑战，越要稳住农业，越要确保粮食和重要副食品安全。新冠肺炎疫情防控给我们带来的最大启示就是，应对各类风险挑战，农业始终是"基本盘"和"压舱石"。要坚持底线思维，将农业风险管理作为防范化解系统性风险的重要基础，宁肯"十防九空"，也要强化风险管理的战略性布局和前瞻性预案。因此，及时跟进我国农业风险管理研究，加强农业风险管理，将为进一步完善我国农业风险管理体系提供有力支撑。

　　农业风险管理是推进国家治理体系和能力现代化的重要内容。国家治理体系和治理能力现代化是常态治理和非常态治理的统一体，缺一不可、相辅相成。作为非常态的管理活动，农业风险管理承担防范和化解农业领域重大风险、及时应对处置各类风险事故的重要职责，担负着保障国家粮食安全、稳定农民收入的重要使命，是国家治理体系和治理能力的重要组成部分。我国正处于"经济转轨、社会转型"的关键时期，影响农业发展的不确定性因素不断增多，各种可以预测和难以预料的风险挑战越来越大，需要充分发挥农业风险管理的重要作用，为保障农业产业安全、推进国家治理体系和治理能力现代化贡献力量。"放管服"改革是推进国家治理能力现代化的重要之举。按照"切实转变政府职能，该管的事一定要管好、管到位，该放的权一定要放足、放到位"的"放管服"要求，依据风险管理原则，推进国内植物检疫、国外引种检疫、农业保险市场准入等农业风险管理行政审批制度改革，通过转变监管理念和方式、加大执法监管责任、减少行政许可程序等途径，保障权力下放到位、管理约束到位、服务保障到位，有利于推动国家治理体系更加优化，运行更加顺畅。

　　习近平总书记在庆祝中国共产党成立100周年大会上

的讲话中指出："新的征程上，我们必须增强忧患意识、始终居安思危，贯彻总体国家安全观，统筹发展和安全，统筹中华民族伟大复兴战略全局和世界百年未有之大变局，深刻认识我国社会主要矛盾变化带来的新特征新要求，深刻认识错综复杂的国际环境带来的新矛盾新挑战，敢于斗争，善于斗争，逢山开道、遇水架桥，勇于战胜一切风险挑战！"因此，本报告在分析新时期我国农业风险变化特征的基础上，从事前、事中、事后的视角，分析了农业风险管理的主要手段，总结了农业风险管理取得的成效，提出了中国特色农业风险管理体系的优势，剖析了面临的突出问题，提出了健全中国特色农业风险管理体系的政策建议。

本报告由中国农业风险管理研究会、中华联合保险集团组织撰写。本报告的总体框架结构经过多次讨论，并广泛征求了相关方面意见，特别是中央农村工作领导小组原副组长袁纯清，国务院参事室特约研究员、原农业部常务副部长尹成杰，中国农业风险管理研究会会长张红宇，中华联合保险集团董事长徐斌，中国农业风险管理研究会常务副会长兼秘书长唐园结，中国农业风险管理研究会副会长董忠，中国农业风险管理研究会常务副秘书长杨久栋等，提出了明确的指导性意见，进行了大量的文字修改工作。本报告由农业农村部农村经济研究中心农业风险管理研究团队龙文军研究员、张莹副研究员、原瑞玲副研究员、郭金秀助理研究员，长江大学叶云博士，中国农业大学硕士生邓晓玲、谢灵蕴、贾天明等撰写完成。在写作过程中，收集、借鉴了许多专家、学者的优秀成果，还听取了中国农业科学院夏英研究员、徐磊研究员，中国农业大学杨汭华教授，北京农学院何忠伟教授，全国农业技术推广中心朱景全处长，杭州师范大学傅昌銮教授，中华联合保险公司总裁助理江炳忠，中华联合保险集团研究所吴学明副所长，中国人民大学马彪博士等专家提出的很好建议，在此一并表示感谢。

本报告旨在为健全农业风险管理体系提供决策参考，为广大从事农业风险管理研究的人员提供研究借鉴，为地方政府和相关企业提供推进工作的思路。由于时间紧、任务重，在写作过程中，参考了一些专家学者的观点和看法，有些在参考文献中已经列明，有些没有列明，难免出现纰漏。鉴于今年是首次开展农业风险管理问题的系统研究，还有很多问题考虑不周，欢迎各位同仁和广大读者批评赐教。

中国农业风险管理研究会

2021年8月

目　　录

目　录

一、新时期的农业风险及其特征

农业风险是指人们在从事农业生产和经营过程中所遭受不可抗力的不确定事件，存在于农业生产、流通、消费等各个环节。我国幅员辽阔，地理环境和气候状况千差万别，市场主体多元，表现出农业风险种类多、分布地域广、发生频率高、受损概率大等特点。20世纪80年代，德国社会学家乌尔里希·贝克首次提出"风险社会"理论。如今，理论已经成为现实，风险将长期伴随着人类的生产生活。

新时期，我国农业发展既面临着全球气候变暖、农业国际竞争加剧、大宗农产品市场波动等外部传导和外来输入性风险，又面临着国内自然灾害、动植物疫病风险多发，以及资源环境约束、突发公共事件暴发和各种非传统农业风险。各类风险频发重发，相互影响，甚至彼此联动，呈现风险来源更加多重、风险链条进一步延长的特点，大大增加了农村经济社会发展的不确定性。

（一）各类自然风险种类不断增多

农业自然风险是指由于自然力的不规则变化导致危害农业生产经营活动的风险。我国地域辽阔，地形分东中西三级梯度分布，东西距离约5 200公里，横跨60多个经度、5个时区，南北距离约5 500公里，跨越近50个纬度。在三级梯度和如此大的跨度下，形成了复杂多变的气候条件，农业发展面临多样化的自然风险。特别是随着全球气候变暖，极端气象灾害频发，自然灾害的破坏性、不可预见性增大。主要体现在以下四个方面。

第一，农业自然风险种类繁多。农业自然风险主要包括气象水文灾害、地震及地质灾害、海洋灾害、生物灾害、生态环境灾害等。其中，气象水文灾害包括干旱、洪涝、台风、暴雨、大风、冰雹、雷电、低温、冰雪、霜冻、高温等；地震及地质灾害包括地震、火山、崩塌、滑坡、泥石流、地面塌陷、地面沉降、地裂缝灾害等；海洋灾害包括风暴潮、海浪、海冰、海啸、赤潮灾害等；生物灾害包括疫病、虫害、草害、森林草原火灾等；生态环境灾害包括水土流失、风蚀沙化、盐渍化、石漠化灾害等。

第二，农业自然风险影响范围较广。各省（自治区、直辖市）农业发展均不同程度地受到自然灾害影响。我国 70% 以上城市、50% 以上人口处于气象、地震、地质、海洋等灾害高风险区，58% 国土面积位于 7 度以上地震烈度的高风险区，2/3 以上的国土面积受到洪涝灾害威胁，全国有 28.8 万个地质灾害隐患点。2019 年，受自然灾害影响最大的是黑龙江省，农作物受灾面积 3 540.7 千公顷，绝收 737.5 千公顷，直接经济损失 221.4 亿元（表 1）。2021 年 7 月 17—24 日，河南省出现了历史罕见的极端暴雨天气，给河南省部分地区的农业生产造成了严重影响，农业农村部农情调度信息显示，截至 7 月 29 日，河南省全省农作物受灾 966.7 千公顷，成灾 626.7 千公顷，绝收 366.7 千公顷。

表 1　2019 年我国各地区农作物自然灾害受灾情况

地　　区	农作物受灾面积/千公顷	农作物绝收面积/千公顷	直接经济损失/亿元
北京	2.5	0.1	5.2
天津	—	—	—
河北	314.7	51.6	23.2
山西	1 473.7	314.2	124.0

一、新时期的农业风险及其特征

（续）

地　　区	农作物受灾面积/ 千公顷	农作物绝收面积/ 千公顷	直接经济损失/ 亿元
内蒙古	1 453.6	110.8	46.8
辽宁	324.7	35.1	47.5
吉林	536.2	64.3	51.7
黑龙江	3 540.7	737.5	221.4
上海	8.7	0.1	1.9
江苏	224.2	18.1	15.6
浙江	353.8	45.7	552.6
安徽	958.0	123.7	85.0
福建	123.1	21.6	117.7
江西	1 200.7	216.8	333.6
山东	1 340.7	198.7	425.3
河南	969.8	97.4	41.9
湖北	1 429.8	202.0	100.7
湖南	997.8	179.5	243.1
广东	144.7	4.5	55.8
广西	247.8	24.9	100.5
海南	3.6	0.5	1.7
重庆	78.3	12.7	19.6
四川	323.8	33.2	340.9
贵州	141.0	23.9	47.0
云南	1 568.9	122.7	102.1
西藏	5.5	0.4	1.7
陕西	645.1	109.0	58.8
甘肃	173.6	8.3	46.5
青海	70.3	5.9	14.3
宁夏	29.1	3.6	2.9
新疆	572.6	35.2	41.9

数据来源：《中国统计年鉴》。

第三，不同自然风险影响区域不同。洪涝灾害影响范围广。2020 年，全国共出现 33 次大范围强降水过程，平均降水量 689.2 毫米，较常年偏多 11.2％，汛期降雨主要集中在长江中下游地区，梅雨量为 1961 年以来最多，影响范围较广，受灾人次、紧急转移安置人次和直接经济损失较近 5 年均值分别上升 23％、62％和 59％。由于降雨频率高、强度大、范围广，地质灾害发生数量较往年偏多，西南地区灾情较重，损失占全国一半以上。风雹灾害点多面广，南北差异大。2020 年，全国共出现 58 次大范围短时强降雨、雷暴大风和冰雹等强对流天气，覆盖 1 367 个县（市、区），较近 5 年均值明显增多，灾害影响南北差异大，主要表现为：北方主要以大风、冰雹等强对流灾害为主，集中发生在 5－6 月，对农作物造成重大损失；南方主要以连续、集中的短时强降雨、雷暴等强对流灾害为主。台风时空分异明显，对华东、东北等地影响明显。2020 年，共有 5 个台风登陆我国，其中 7 月无台风登陆，为 1949 年以来首个 7 月"空台月"。8 月上中旬，4 号台风"黑格比"、6 号台风"米克拉"和 7 号台风"海高斯"先后在近海快速增强，均以峰值强度登陆我国华东、华南沿海地区，华东地区受灾较重，尤其是第 4 号台风"黑格比"对浙江造成较大影响。8 月下旬至 9 月上旬，8 号台风"巴威"、9 号台风"美莎克"和 10 号台风"海神"两周内先后北上影响东北地区，间隔时间短、影响区域高度重叠，引发的持续性降雨造成嫩江、松花江、黑龙江等主要江河超警，黑龙江、吉林等地农作物大面积倒伏。干旱灾害阶段性、区域性特征明显。2020 年，全国旱情较常年明显偏轻，主要经历了西南地区冬春旱、华北地区春旱、东北地区夏伏旱和年底南方局地旱情，因旱农作物受灾面积、直接经济损失较近 5 年均值分别下降 44％和 37％。四川、重庆、辽宁、吉林 4 省（直辖市）初夏旱情较重，但入汛后连续出现强降雨，6 个市（州）64 个县（区）旱涝急转。江西、湖南2省因梅雨期降雨不均，出现北涝南旱、旱涝并存。森林草原火灾呈下降趋势，时空分布相对集中。2020年，全国发生森林火灾1 153起（其中，重大森林火灾7起），受害森林面积8 526公顷；发生草原火灾13起，受害面积11 046公顷。与近年均值相比，森林草原火灾发生起数、受害面积和造成伤亡人数均降幅较大。从时段看，森林火灾主要集中在2—5月，其间春耕生产、上坟烧纸、野外踏青等林内活动频繁，导致火灾起数加剧，共发生780起，接近全年森林火灾的70%。从区域看，西南等地火险期叠加干旱，广西、四川、陕西等省（自治区）森林火灾较多，占全国森林火灾的30%以上。地震强度总体偏弱，西部发生多起中强地震。2020年，我国大陆地区共发生5.0级以上地震20次（其中5.0～5.9级地震17次，6.0～6.9级地震3次），强度总体偏弱，低于1950年以来平均水平，主要发生在新疆、西藏、四川、云南等地。低温冷冻和雪灾对部分地区造成一定影响。2020年，全国共出现18次冷空气过程，接近常年，其中4月两次冷空气过程造成西北、华北至山东一带出现大范围大风、降温、降雪过程，山东、河北、山西等地最低气温降至0℃以下，导致果蔬等作物大面积受冻。12月，湖南、福建、广西等南方地区遭受低温冷冻灾害，农作物遭受一定损失。

第四，农业自然风险造成损失严重，对经济社会影响较大。2010年以来，每年因各类自然灾害造成的直接经济损失都在2 500亿元以上。2017—2019年连续3年，全国各类自然灾害造成的直接经济损失分别是3 018.7亿元、2 644.6亿元、3 270.9亿元，年均损失近3 000亿元（表2）。2020年，各种自然灾害共造成1.38亿人次受灾，591人因灾死亡失踪，589.1万人次紧急转移安置；10万间房屋倒塌，30.3万间严重损坏，145.7万间一般损坏；农作物受灾面积19 957.7千公顷，其中绝收2 706.1千公顷；直接经济损失 3 701.5 亿元。

表 2　2010—2020 年我国农业自然灾害受灾情况

年　　份	自然灾害直接经济损失/亿元	自然灾害受灾人口/万人次	自然灾害受灾死亡人口/人
2010	5 339.9	42 610.2	6 541
2011	3 096.4	43 290.0	1 014
2012	4 185.5	29 421.7	1 530
2013	5 808.4	38 818.7	2 284
2014	3 373.8	24 353.7	1 818
2015	2 704.1	18 620.3	967
2016	5 032.9	18 911.7	1 706
2017	3 018.7	14 448	979
2018	2 644.6	13 553.9	589
2019	3 270.9	13 759	909
2020	3 701.5	13 800	591

数据来源：《中国统计年鉴》。

（二）市场风险波及范围更加广泛

农业市场风险是指由于市场因素的不确定性对农产品价值实现造成影响的风险，主要源于市场供求失衡与价格变动，体现在价格波动和成本增加两方面。随着农产品价格变动和农业生产成本的上升，农业面临的市场风险波及范围逐渐扩大。主要表现在以下三个方面。

第一，国际农产品市场价格变动波及我国农产品价格。我国加入世界贸易组织（WTO）后，国内农产品市场逐步与国际农产品市场接轨，农业支持政策逐渐向 WTO 主流政策靠拢。因此，国际农产品政策调整和价格波动均会对我国农产品价格产生传导效应，给我国农业生产带来更大的风险，尤其是主要依靠进口的农产品，受国际农产品市场的影响更加明显。如大豆，我国榨油饲用大豆供应主要依赖进口，2020年以来，受全球大豆减产和新冠肺炎疫情的叠加影响，国际大豆价格持续上涨，进口大豆到港成本不断提高，带动国内大豆市场价格持续走高。农业农村部农产品市场监测数据显示，2021年7月，大豆国际、国内价格分别为4.7元/公斤、6.1元/公斤，与2020年1月的3.3元/公斤、4.3元/公斤相比，分别上涨了42.4%和41.9%（图1）。

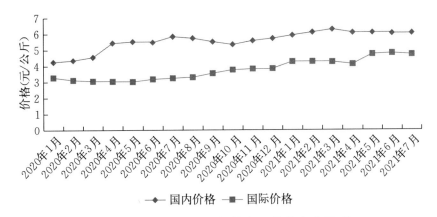

图1 2020年以来国内外大豆价格变化情况

数据来源：中国农产品供需分析系统

第二，农产品价格波动影响农业生产效益。由于市场供需的不均衡和多变性，使得农产品和农业生产资料价格变动失序，造成"增产未必增收"的局面。农产品价格波动影响农民的收入，给农业生产带来较大风险。以生猪价格为例，2018年下半年以来，在非洲猪瘟疫情、国家政策调控的影响下，生猪价格呈现大起大落的波动态势。特别是2021年初以来，由于生猪产能的恢复、压栏肥猪集中出栏、消费季节偏弱等原因，生猪价格连续下行。农业农村部畜牧兽医局监测数据显示，2021年8月第2周全国仔猪、活猪和猪肉价格分别为 39.4 元/公斤、15.5 元/公斤和 25.7 元/公斤，同比分别下降 63.6％、58.5％和 54.2％（图 2）。猪价下降、饲料原料价格上涨，再加上疫情防控、环保整顿等因素叠加，导致生猪养殖综合成本上升、养殖效益下降，不少养殖场（户）亏损严重。山东圣邦种猪繁育示范基地负责人反映，按照目前生猪市场价格和猪粮比计算，每生产 1 公斤就等于赔 1 元钱。温氏、正邦、新希望等养猪企业也面临亏损的情况，3 家企业 2021 年半年度业绩预告显示，2021 年上半年温氏预计净利润亏损 22.6 亿～25.6 亿元，相较于上年同期 41.5 亿元的净利润，同比下降 154.5％～161.7％；正邦预计至多亏损 14.5 亿元，较 2020 年同期 24 亿元的盈利，同比下降 149.6％～159.9％；新希望归属股东净利润至多亏损 34.5 亿元，相较上年同期 31.6 亿元的盈利，同比下降 193.2％～209％。

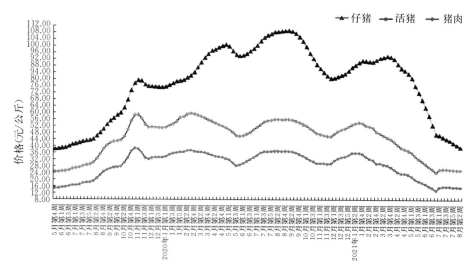

图 2　2019 年以来全国仔猪、活猪和猪肉价格变化情况

数据来源：农业农村部网站

第三，生产成本上升影响农民生产积极性。我国出台了一系列农业补贴政策保障主要农产品有效供给和市场稳定，但是农业生产面临的要素价格快速上升、市场频繁波动等问题时有发生。高成本、高风险影响了农民的收入与生产积极性，给农业生产带来巨大挑战。比如，2020年9月以来，农资价格持续攀升，导致农户种粮成本增加，施肥积极性下降。黑龙江省密山市集智水稻种植专业合作社理事长反映，化肥在水稻生产物质投入中占比约15%，2020年化肥平均涨幅20%，水稻亩*均用肥成本比2019年增加45元，推动水稻生产成本上涨约5%。新疆伊犁哈萨克自治州伊宁县农业农村局负责人反映，为降低种地成本，一些农户减少了化肥施用量，有的夏季甚至没有追肥。黑龙江省海伦市前进镇东兴村村民反映，由于肥料涨价太多，夏季追肥期间没有施"送嫁肥"。生产成本上升导致务农种粮收益下降。2018年，三大主粮平均收益为481.7元/亩，同比下降13.8%，其中稻谷、小麦分别为639.9元/亩、358.8元/亩，较2017年分别下降10.9%、32.6%（表3）。种粮比较效益持续下降，一定程度上挫伤了种粮积极性。2019年的收益有所提升，但是现在"'70后'不愿种地，'80后'不会种地，'90后'不提种地"的现象较为普遍，保障国家粮食安全面临"未来谁来种地"的风险。

表3　2010—2019年三种粮食现金收益情况

单位：元/亩

年份	三种粮食平均收益	稻谷	小麦	玉米
2010	551.4	650.3	419.3	584.4
2011	642.2	780.7	460.0	686.0

---

* 亩为非法定计量单位，1亩＝1/15公顷。——编者注

（续）

年份	三种粮食平均收益	稻谷	小麦	玉米
2012	655.1	797.5	437.1	730.8
2013	625.3	734.7	460.6	680.7
2014	710.4	801.0	601.8	728.6
2015	616.6	784.1	542.9	523.0
2016	512.1	739.6	455.6	341.2
2017	558.5	717.9	532.0	425.7
2018	481.7	639.9	358.8	443.4
2019	540.9	610.6	525.3	486.8

数据来源：《全国农产品成本收益资料汇编》。

（三）动物疫病风险发生更加频繁

动物疫病风险是指在动物养殖、调运、屠宰和加工过程中，因动物疫病的产生、传播、扩散而造成影响的风险。在畜牧养殖行业，疫病永远是其面临的最大威胁，我国民间一直有"家财万贯，带毛的不算"的谚语。随着我国畜牧业产业化程度不断提高，养殖规模化、区域化、集中化趋势明显，特别是大范围、长距离运输，使得动物疫病多发频发重发。据统计，目前全球有公共卫生影响的各类疫病 3 000 余种，对畜牧业生产和公共卫生安全具有较大威胁的动物疫病有 300 多种，全球 60％的人类传染病属于人畜共患病，其中我国就有 260 多种，我国每年报告发生的疫病数量超过 90 种。另外，动物疫病防控需整合各部门力量，采取行政、经济、技术等综合措施，一定程度上加大了防控难度。主要体现在以下三个方面。

第一，动物疫病在不同环境影响下表现出各种流行病学特征。当动物疫病传入某地区时，如遇到合适的生存环境，会大大增加其传播风险。动物疫病流行过程中面临自然、社会、经济和动物防疫政策等各种环境的影响,造成了多样化的动物疫病流行病学特征,不利于动物疫病的控制。

第二,动物及动物产品流动加剧了风险发生。 畜牧业养殖结构、销售渠道受到市场需求的影响,随着销售数量不断增多,销售范围不断扩大,动物及动物产品在市场中的流动性更强。一旦动物及动物产品带有疫病,就会短时间内迅速蔓延到各地。此外,随着全球经济一体化和国际贸易快速发展,货物贸易和人员交流日渐频繁,新发病传播速度加快,疫病跨境传播威胁加大。以非洲猪瘟为例,2018 年 8 月,我国沈阳市确诊首例非洲猪瘟疫情,并在短时间内快速传播到全国各地,给我国生猪养殖业发展造成了巨大影响。据统计,2019 年,受非洲猪瘟疫情冲击的影响,全国猪肉产量降至 4 255 万吨,同比下降 21.3%。我国人口众多,对于猪肉的需求量巨大,频繁调运生猪及猪肉制品,增加了非洲猪瘟疫情的传播范围及暴发概率。2020 年以来,非洲猪瘟点状散发现象依然存在。

第三,防治力量薄弱对动物疫病防控提出更大挑战。 现代动物疫病防治强调的是综合防治,包括针对病原的控制措施、对宿主采取的管理措施、对环境的管理和治理措施等。以兽医队伍体系为基础的基层防疫力量薄弱,人力、条件、手段建设不足,加之面临多样化、差异化的防疫需求,对动物疫病有效防控提出更大挑战。

(四) 植物病虫害风险防控难度大

植物病虫害风险是指在植物生长和发育过程中,因形态、生理和生化上的病理变化而造成经济效益损失的风险。近年来,我国农产品流通区域扩大、数量增加,加之设施农业发展、农作物种植区域集中以及农机跨区作业范围扩大等耕作制度变化,导致植物病虫害风险扩散蔓延加速,呈现出复杂性、不确定性、暴发性特点,防控难度越来越大,主要体现在三个方面。

第一,病虫害发生种类多。我国是世界上农作物病虫害发生最严重的国家之一,常年发生病虫害种类超过1 400余种,其中一类病虫害17种。尤其是近年来,受异常天气频发、外来虫源增加等多重因素影响,农作物病虫害发生种类不断增加,小麦条锈病、赤霉病、稻瘟病等病害重发,草地贪夜蛾、水稻"两迁"害虫、沙漠蝗、黄脊竹蝗等重大迁飞性害虫呈暴发态势。柑橘黄龙病2012年以来在部分柑橘优势产区暴发流行,江西、广东、广西等省(自治区)累计砍除病株近1亿株。苹果蠹蛾、马铃薯甲虫等疫情从东西两线扩散,对主产区安全构成威胁。

第二,病虫害发生面积大。2020年,农作物病虫害发生面积4.1亿公顷,同比上升2.5%,与2011年的4.7亿公顷相比,下降12.8%(表4)。虽然农作物病虫害发生面积整体呈波动下降趋势,但新的病虫害不断发生,如草地贪夜蛾已入侵我国27个省份1 409个县,发生面积稳中有升。据农业农村部有关部门预测,2021年,我国小麦条锈病、赤霉病大流行风险高,草地贪夜蛾、水稻"两迁"害虫呈重发态势,程度将重于上年,给防控工作带来巨大挑战。

表4 2011—2020年我国农作物病虫害发生情况

年　　份	农作物病虫害发生面积/亿公顷
2011	4.7
2012	5.1
2013	4.9
2014	4.8
2015	4.7

（续）

年　　份	农作物病虫害发生面积/亿公顷
2016	4.5
2017	4.4
2018	4.1
2019	4.0
2020	4.1

数据来源：国家统计局、全国农业技术推广中心。

第三，病虫害造成的粮食损失较大。2011 年以来，我国农作物病虫害造成的粮食损失均超过 1 400 万吨。2012 年粮食实际损失最大，为 2 251 万吨。虽然我国粮食实际损失整体有下降趋势，但农作物病虫害风险仍然较大（表 5）。

表 5　2011—2020 年我国农作物病虫害造成的粮食损失情况

年　　份	粮食实际损失/万吨	实际损失占总产量比例/%
2011	1 861	3.3
2012	2 251	3.8
2013	1 914	3.2
2014	1 917	3.2
2015	1 972	3.2
2016	1 709	2.8
2017	1 652	2.7
2018	1 583	1.3
2019	1 459	2.2
2020	1 449	2.2

数据来源：全国农业技术推广中心。

（五）农业外来物种入侵逐年增多

我国地域辽阔，气候类型多样，易于外来入侵物种定植和扩散蔓延。《2019 中国生态环境状况公报》显示，我国已经发现的外来入侵物种达到 660 多种，从陆生植物到水生植物、从脊椎动物到无脊椎动物、从海洋生物到淡水生物、从真菌到细菌病毒，多种类型的农业有害物种都有传入，且分布广泛，涉及农田、草原、湖泊、河流、湿地、森林等众多生态系统。这些物种不仅会挤占濒危本土物种的生态位，还会与牧草、牲畜形成竞争，对农牧业生产带来巨大危害，更有甚者会危及人体健康和生命安全。如原产于南美洲的红火蚁，截至 2020 年年底，该物种已蔓延至广东、广西、福建、云南、浙江、四川、湖南、湖北等 12 个省份 435 个县，比 2016 年增长了 1 倍。红火蚁大量啃食农作物导致产量下降，有研究发现，1 亩地的红薯遭遇红火蚁啃食后，产量下降 30% 以上。红火蚁还会危及人们的生命安全，仅 2020 年，福建省各地医院就收治了 1 000 多名被红火蚁叮咬的患者，四川西昌还发生过小孩因红火蚁叮咬陷入昏迷的事件。随着世界经济全球化、国际贸易和交通旅游业的快速发展，以及我国全面开放新格局的形成，人流物流大量涌入，外来生物入侵的风险将越来越大，综合防治形势将更加严峻。

（六）技术研发推广风险不容小觑

农业技术风险主要是指由农业科技因素而造成农业生产损失的风险。我国是人口大国，保障粮食和农产品有效供给离不开科技的力量，但农业发展面临的技术风险越来越突出。主要表现在以下两个方面。

第一，农业科技创新的"卡脖子"风险。 从科技研发看，虽然我国农业科技创新紧跟国际前沿，但核心专利、原创性技术水平与发达国家差距较大。比如基因编辑技术，我国基本掌握了基因组编辑技术，创制了抗白粉病小麦、耐除草剂水稻、甜糯复合型玉米等作物育种材料，抗蓝耳病猪、少肌间刺鱼、性别可控的罗非鱼等动物优异种质，但关键核酸内切酶和基因编辑工具等原创技术缺乏，基因编辑精确率不高。从种业发展看，美国陶氏杜邦、美国孟山都、德国巴斯夫、以色列依沃基因等企业占据优势地位，中国企业种子产品研发能力亟待提高。2008—2018 年，美国申请作物种业领域高质量专利 2 394 件，中国仅 204 件。此外，受公众认知影响，我国转基因品种产业化政策相对滞后，未能对农业产业发展实现有效支撑。

第二，农业技术推广效率不高的风险。 新技术的采用需要农户掌握更高的专业技能。一方面，基层农业技术推广体系薄弱，缺乏有效的人才补充和技能提升；另一方面，我国农民老龄化明显加快，对新技术采用知识的理解与运用能力不高，农民教育培训与农技推广过程中有很多技术仍然无法普及，大大影响了农业技术推广的效果。农业技术采用效果的显现需要经历较长时间，对农业技术推广人员、技术使用者提出了较大挑战。

（七）资源环境约束风险明显增强

人多地少、缺水是我国的基本国情和农情，我们用全球 9％的耕地、6％的淡水资源，养活近 20％的人口。在工业化、城镇化发展持续推进的背景下，水资源、能源严重短缺和生态瓶颈制约加剧，成为实现第二个百年目标的长期短板。主要体现在以下四个方面。

第一，耕地地力退化。 我国旱涝保收农田比重小，基础地力相对较高的耕地面积不足 1/3，抗御自然灾害能力弱，耕地部分质量要素和局部区域耕地质量恶化问题突出，如东北黑土层由开垦初期的

80 厘米左右下降到 20～30 厘米。2019 年，全国耕地质量平均等级为 4.76 等，较 2014 年提升了 0.35 个等级，但质量等级依然偏低。

　　第二，农业用水紧缺。2019 年，我国水资源总量为 28 670 亿立方米，仅占世界径流资源总量的 6％左右，农业用水占总用水量的 60％，与新中国成立初期的 90％相比，下降了 30 个百分点，不少地区还存在挤占农业用水的情况。随着我国工业化、城镇化的加速发展，非农业用水量逐渐增加，农业用水短缺的问题还将长期存在。此外，我国水资源还存在分布不均衡的问题，北方 6 区（松花江区、辽河区、海河区、黄河区、淮河区、西北诸河区）水资源总量仅占我国总量的 21％，这些地区却是我国粮食生产的核心产区，保障粮食安全，存在严重的水资源约束风险。

　　第三，农业面源污染风险仍然突出。我国农业生产对化肥、农药等投入品的依赖程度还较高。2019 年，我国农用化肥施用量 5 251 万吨，接近世界总量的 1/3，亩均用量远高于发达国家水平。2020 年，我国水稻、玉米、小麦三大粮食作物化肥利用率为 40.2％、农药利用率为 40.6％，与欧美发达国家 50％～65％的化肥利用率、50％～60％的农药利用率相比，也还有较大差距。不合理的水肥管理，对粮食生产和农村生态环境都产生了不利影响，在生产端增加了粮食生产成本，在质量端影响了粮食质量安全，在生态端造成了农业面源污染。

　　第四，农业碳减排压力大。2020 年，习总书记在第七十五届联合国大会一般性辩论上郑重宣布，我国将力争 2030 年前实现碳达峰、2060 年前实现碳中和，这是基于推动构建人类命运共同体的责任担当和实现可持续发展的内在要求做出的重大战略决策。农业是重要的温室气体排放源，据联合国粮食及农业组织（FAO）统计，农业用地释放出的温室气体超过全球人为温室气体排放总量的 30％，相当于每年产生 150 亿吨的二氧化碳。我国农业碳排放量整体呈上升趋势，2018 年为 8.7 亿吨。农业生产的刚性增长，必然会带来碳排放的刚性增长，因此需要从低碳或零碳新能源供给、减碳固碳技术政策等方面来达到平衡。但由于长期以来，我国对农业节能减排问题与潜力的重视程度不足，导致基数不清，技术也不配套，进展相对迟缓。此外，我国农业机械化水平逐步提高，导致能源消耗带来的碳排放持续上升，截至 2018 年，能源消耗带来的碳排放占比已达到农业碳排放的 27.2%，超过化肥成为第一大排放源。未来，我国农业机械化还有提高的空间，由此产生的能源消耗带来的碳排放还将进一步上升，这将增加中国农业实现碳达峰和碳中和的不确定性。

（八）突发公共事件风险影响加剧

突发公共事件风险是指因公共卫生事件、社会安全事件等来自社会方面的公共事件可能导致农业生产损失的风险。通常情况下，突发公共事件易导致决策行为的短期化，一定程度上加剧了农业这一弱质性产业的风险。

第一，突发性事件暴发增加了农业生产的不确定性。 例如，2020 年突发的新冠肺炎疫情，尽管发生在公共卫生领域，但却暴露出不少农业风险问题。一是生产安全风险。新冠肺炎疫情封闭期，导致不少地区出现了生产延误、劳动力短缺的情况，有的地区还因为农资储备不足影响了春耕备耕。二是流通安全风险。新冠肺炎疫情发生后，农产品产销脱节导致部分地区出现产地农产品囤积滞销、价格暴跌，生产者收入受损，而销地农产品短缺、物价上涨等情况。三是就业安全风险。因疫情的蔓延与防控，农民外出务工就业深受影响，不仅复工时间大大迟滞，还因为就业企业受疫情冲击导致失业风险增加，无工可打、无钱可赚的困难局面在 2020 年较为普遍。四是收入安全风险。疫情引发的产业波动传导到就业波动，最终转化为收入波动。不少农户非农收入受到影响，农民工外出时间减少一个月，收入至少减少约 2 000 元，超过这几年农民平均每年的收入增长量，以外出打工为主的农民家庭面临丧失经济来源的风险。此外，疫情期间畜禽养殖户、时令农产品种植户、休闲观光农业经营户都遭受重创，收入严重下降。

第二，农产品质量安全风险仍然存在。虽然我国农产品质量安全总体稳中向好，2020 年农产品质量安全例行监测合格率达97.8%，但在部分地区、个别品种仍存在一些风险隐患。一是禁用药物等非法使用风险。这种风险在种植、养殖及运输环节都有发生，种植业主要是高毒农药；养殖业主要是牛羊肉检出"瘦肉精"，禽蛋产品检出产蛋期禁用药氟苯尼考、恩诺沙星、环丙沙星，水产品检出孔雀石绿等；收贮运环节主要是违规使用保鲜剂、防腐剂和染色剂问题；生猪屠宰环节主要是非法注水注药问题。二是产地环境污染风险。一些地方工业"三废"违规排放，农业生产环境受到破坏，带来农产品质量安全问题，突出表现为南方部分地区稻米镉污染，一些流域大闸蟹等水产品二噁英超标。三是生物毒素侵染风险。小麦、玉米、花生等晾晒或储藏不好，容易霉变，存在生物毒素侵染风险。国家市场监督管理部门对面粉质量抽查的数据显示：2015 年 2 月到 2020 年 2 月，共检出 235 批次不合格小麦粉，不合格主要原因是真菌毒素超标。

（九）政策执行偏差的风险时有发生

既定的农业政策目标能否达到预期效果，关键在于政策能否得到有效执行。党的十六大以来，国家出台了一系列强农惠农富农政策，有些政策在执行过程中出现了不协调的声音，严重影响了政策作用的发挥。以生猪政策为例，主要体现在以下方面。一是逆向调控对产业的影响风险。2019 年 8 月以来，为加快恢复生猪生产、增强猪肉供应保障能力，各部门、各地区出台系列扶持政策措施，使得我国生猪产能两年内从一度严重滑坡的状态恢复到正常年份水平。不过，随之而来的却是养殖利润的不断下降，不少养殖场户陷入了亏损。再加上这些政策措施中，短期性政策多，长期性政策少，部分养殖场（户）对政策的可持续性存在疑虑，害怕生猪产能恢复后，养殖政策再度收紧，养猪户对政策前景不乐观，没有形成良好预期，挫伤了养殖积极性。二是环保政策不科学的风险。在非洲猪瘟疫情尚未暴发之前，不少地区为完成环保硬指标，出现了不科学制定、偏差执行环保政策的现象，盲目拆迁养猪场、禁养限养生猪，一定程度上加剧了我国生猪产能的下降。三是用地政策频繁调整变化的风险。比如"大棚房"问题专项清理整治行动开展以来，有些养殖户的养殖场所被查封，有的地方采取"一刀切"的做法，相关设施被拆除，复养需要重新进行基础设施投入，导致生猪养殖成本较高。

（十）非传统农业风险因素在增多

当今世界正处于百年未有之大变局，不稳定性、不确定性明显增多，涌现出不少非传统农业风险。主要表现在以下三个方面。

第一，国际环境日益复杂。 自由贸易区（FTA）、贸易便利化、跨境电商和"一带一路"发展合作等显著提升了我国农业市场化程度和贸易开放度，但同时也使得我国农业发展受国际市场影响的程度越来越深。新冠肺炎疫情发生以来，世界经济严重衰退，各国内顾倾向加剧，保护主义、单边主义上升，逆全球化有所抬头，一些国家大打"贸易战"，导致我国农业产业链、供应链循环不畅。比如 2018 年以来，美国政府先后多次公布对中国产品加征关税的清单，其中包括多项农产品，导致中美农产品贸易规模下降。联合国商品贸易统计数据库数据显示，2020 年中国对美国农产品出口

额、进口额分别为 63.2 亿美元、214.4 亿美元，与 2017 年的 75.6
亿美元、240 亿美元相比，分别下降 16.4%、10.7%。在此背景
下，我国农产品贸易逆差进一步扩大，2020 年我国农产品贸易额
2 468.3 亿美元，贸易逆差 947.7 亿美元，同比扩大 32.9%。我国
的人多地少、缺水的资源禀赋决定了这种逆差会常态化，从而增加
了国内农产品市场供应的不确定性。

第二，农产品国际贸易风险加大。近年来，随着经济全球化的
推进，农产品交易范围已从局部、区域性的市场扩展为全球市场。
同时，国与国之间基于农产品保护政策的技术壁垒和贸易壁垒不断
增多，全球气候变化、生物质能源发展、农产品资本化等非传统因
素对世界农产品市场的影响不断加深，粮食市场供给不确定性大大
增加，国际粮价波动加剧，导致我国农产品国际贸易风险加剧。如
中美贸易摩擦的不断升级，导致我国大豆等多种农产品进口受到波
及。此外，经济全球化带来的农业国际化，又对我国农业的经营规
模、产业化水平、农民的组织化程度等提出了新的更高的要求，这
必然带来新的农业市场化风险。

第三，舆情风险加深。随着互联网的普及，尤其是自媒体行业
的蓬勃发展，网络和各种自媒体平台成为舆情信息传播与发酵的重
要载体和通道，一件不起眼的小事都很可能触发"蝴蝶效应"。在
社会对"三农"问题关注度不断提高的背景下，关于农业生产、农
产品价格、农产品质量安全、农村改革等方面的涉农舆情也在不断
增多。在舆情信息庞杂而过剩的时代，人们受时间、精力所限，往
往来不及比较鉴别，容易先入为主或是被先行发生的舆论所左右，
一旦出现重大事件，特别是突发性事件等热点问题，极易引发舆情
风险，给舆论环境和社会稳定带来负面影响，严重影响相关农产品
的正常生产和销售。舆情风险一旦与社会情绪重合，可能会产生较
大的冲击力，对社会造成一定的破坏性，甚至有可能爆发大规模的

群体心理危机，影响社会稳定。轻则，一部分人出现不正常的心理、行为反应，比如，盲目跟风、偏听偏信；重则，以暴力抗法，阻碍农村突发事件的正常处置。

在传统农业社会，由于生产力水平低下，人类总体上受自然支配，自然风险是主要风险。随着科学技术的突飞猛进以及工业化、城市化的加速推进，人类活动造成的风险逐步取代自然风险占据主导地位，所带来的影响也不可同日而语。中国特色社会主义进入了新时代，中国前所未有地走进世界舞台中心，比任何时候都更加接近实现中华民族伟大复兴的中国梦。但同时也应当看到，我们面临的风险和挑战也是前所未有的。随着经济全球化的不断发展和"引进来""走出去"战略的实施，中国以前所未有的广度和深度融入世界。农产品贸易交易量越来越大，"不可预见"的、"突如其来"的"黑天鹅"事件、大概率发生的"灰犀牛"事件都有发生，各类风险的关联性越来越强、传导速度越来越快、损失程度越来越高。在不稳定性、不确定性明显增强的国际形势下，确保农业产业安全面临的挑战越来越突出。

二、新时期农业风险管理的主要手段

新中国成立以来的 70 多年里，早期我国比较重视农田水利、防灾减灾技术与物资保障等基础条件建设，稳步提升农业风险管理的"硬件"水平。进入 21 世纪以后，我国先后实施财政直接补贴农业的政策，探索建立政策性农业保险制度，并运用信贷担保、期货等金融工具，积极构建财政政策与金融政策相互补充的农业风险管理"软件"系统。新时期，我国重点从强化基础设施建设、运用科技信息技术、加大监测预警力度、提高灾害救助水平、加强保险保障能力、完善法规政策体系等方面入手，不断提高农业风险管理水平。

（一）加强基础设施建设

近年来，我国通过加强农田水利设施等各种防灾减灾的基础设施建设，提高农业风险事前管理水平。

1. 加强农田水利基础设施建设

一是建设高标准农田。2018 年机构改革后，国家通过整合农田建设相关项目资金，重点支持粮食主产区、粮食生产功能区、重要农产品保护区大力发展包括土地平整、田间灌排设施、田间道路、农田输配电等内容的高标准农田建设，进一步夯实国家粮食安全基础。2018—2020 年，全国累计建成高标准农田约 1 600 万公顷。统筹推进高效节水灌溉，2018—2020 年累计完成 412.7 万公顷建设任务。农田有效灌溉面积从 2010 年的 6 034.8 万公顷逐步扩大至 2020 年的 6 910.2 万公顷（图 3）。

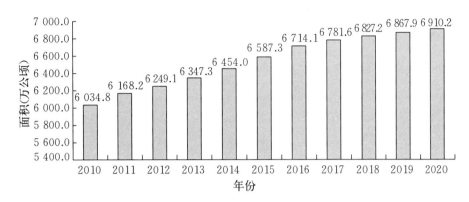

图 3 2010—2020 年农田有效灌溉面积变化情况

数据来源:《中国统计年鉴》

二是持续开展耕地质量监测评价。加快构建耕地质量监测网络,截至 2020 年年底,全国已布设约 1.8 万个监测点,其中国家耕地质量长期定位监测点 1 344 个。定期开展全国耕地质量等级调查评价(表 6)。2019 年,全国耕地质量平均等级为 4.76 等,较 2014 年提升 0.35 个等级。

表 6 2019 年全国耕地质量等级面积比例及主要分布区域

耕地质量等级	面积/亿亩	比例/%	主要分布区域
一等地	1.4	6.8	东北区、长江中下游区、西南区、黄淮海区
二等地	2.0	9.9	东北区、黄淮海区、长江中下游区、西南区
三等地	2.9	14.5	东北区、黄淮海区、长江中下游区、西南区
四等地	3.5	17.3	东北区、黄淮海区、长江中下游区、西南区
五等地	3.4	16.9	长江中下游区、东北区、西南区、黄淮海区
六等地	2.6	12.7	长江中下游区、西南区、东北区、黄淮海区、内蒙古及长城沿线区
七等地	1.8	9.0	西南区、长江中下游区、黄土高原区、内蒙古及长城沿线区、华南区、甘新区

（续）

耕地质量 等级	面积/ 亿亩	比例/ %	主要分布区域
八等地	1.3	6.5	黄土高原区、长江中下游区、内蒙古及长城沿线区、西南区、华南区
九等地	0.7	3.5	黄土高原区、内蒙古及长城沿线区、长江中下游区、西南区、华南区
十等地	0.6	3.0	黄土高原区、黄淮海区、内蒙古及长城沿线区、华南区、西南区

数据来源：农业农村部耕地质量监测保护中心。

三是加大防洪、灌溉、除涝、供水、水电、洪水保险及生态等农田水利基础设施建设投资。2019 年，防洪、供水、洪水保险及生态建设投资分别达到 2091.3 亿元、1 643.2 亿元、913.4 亿元，位列农田水利基础设施建设投资前三位。投资增幅最大的是洪水保险及生态建设，从 2010 年的 85.9 亿元增至 2019 年的 913.4 亿元，增幅高达 963.3%；其次是除涝方面，从 2010 年的 21.1 亿元增至 2019 年的 198.5 亿元，增幅高达 840.8%（图 4）。

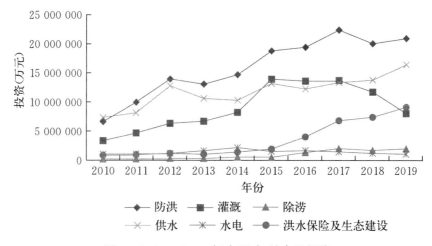

图 4　2010—2019 年中国水利建设投资

数据来源：《中国农村统计年鉴》《中国统计年鉴》

2. 持续不断强化农村道路建设

随着村村通马路、县县通高速政策的不断推进，我国村庄内道路长度从 2014 年的 234 万公里上升到 2019 年的 321 万公里，村庄内道路面积从 2014 年的 185 亿平方米波动上升到 2019 年的 236 亿平方米，为加速农产品流通，降低市场流通风险提供了良好的交通基础条件（图 5、图 6）。

图 5　2014—2019 年村庄内道路长度

数据来源：住房和城乡建设部

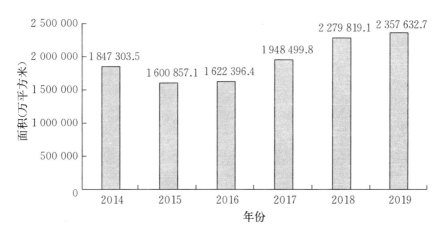

图 6　2014—2019 年村庄内道路面积

数据来源：住房和城乡建设部

3. 有序推进农村通信设施建设

在互联网信息化发展迅猛的时代，加强农村通信基础设施建设有利于打破城乡之间的信息梗阻，为农业风险管理提供便利条件。我国农村宽带接入用户数量从 2010 年的 2 475.7 万户增加到 2019 年的 13 477.3 万户，移动电话每百户拥有量从 2013 的 199.5 个上升到 2019 年的 261.2 个，农村通信条件得到明显改善，农民掌握信息、应对风险的能力不断提高（图 7、图 8）。

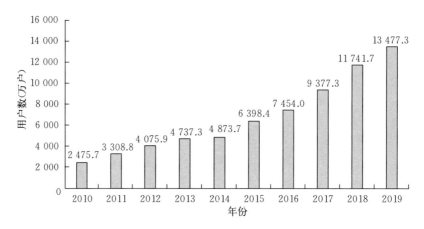

图 7　2010—2019 年农村宽带接入用户

数据来源：国家统计局

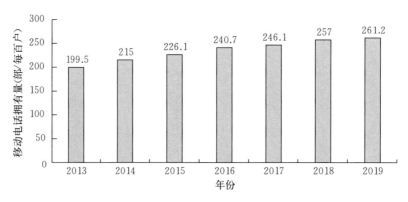

图 8　2013—2019 年农村移动电话拥有量

数据来源：国家统计局

（二）普及科技信息机械应用

当今，数字技术、生物技术、机械装备等在农业领域应用越来越广泛，在降低灾害发生的可能性、减轻灾害损失程度等方面的作用也越来越明显。

1. 加强数字技术研发和应用

数字技术的广泛运用可以在最早时间、最小范围发现各种灾害萌动、发生迹象，通过互联网、物联网、云计算等科技手段可以扼制、减少风险发生的传导性，避免其发展成为重大灾害。数字技术可以大大提高农业风险管理事前预防的有效性，最大限度地提高对不确定性风险发生概率的预判准确性，从而有效推动各种防灾、减灾、止损措施的实施。在灾害发生后，也可以最大限度地量化受灾程度和赔偿标准，从而达到风险管理的基本要求。目前，遥感监测、3S技术、网络自动抓取技术等数字技术已应用于农业监测分析、农情信息获取等方面。在农业生产监测分析上，我国已开展利用智能化数据采集与挖掘技术对气象灾害信息、病虫害信息进行及时、准确的数据获取。在农情即时信息获取上，我国已开展土壤退化信息、环境污染信息、产量信息等方面的监测预报，特别是利用遥感技术对全国水稻、小麦、玉米、大豆等作物进行长势监测与估产，实现了农作物大范围、多品种、定期遥感估产监测与预报，达到作物长势信息在作物生育期内每旬一次监测、产量估算在作物收割前一周发布的能力，为农业信息智能分析提供了及时、动态的基础信息。

专栏 1　数字技术在农业风险管理中的应用

黑龙江省五常市现代农业产业园区建设了农业物联网服务中心，充分运用物联网技术，设立智慧农业监控室，实现水稻等农作物高度智能化生产。通过将病虫害、田间水位、水质、视频等传感器及摄像头安置于田间地头组成的监控网络，实现全方位、多维度采集园内稻田的各类信息和实时视频图像，实现对稻田"四情"（即苗情、墒情、病虫情、灾情）的实时监控。通过智慧农业监控室，不仅可以查看五常市223.6万亩的稻田实景，稻田里的水位、含氧量、水温等指数也一目了然，还可以对稻谷收获、运输等信息进行汇集、传输、分析和决策。可以说是实现了对五常大米生产全程监控（包含自动化监测、精准化作业、数字化管理、智能化决策、信息化服务）、田间管理远程控制、农业技术远程服务及五常大米全程溯源防伪。

2. 加强生物技术研发与应用

将生物技术应用到现代农业中，可以提高农作物的抗性，比如抗虫、抗病毒、抗寒、抗除草剂，这些性能的提高可以减少农作物受到大自然的侵害，预防自然风险。

第一，抗虫生物技术的研发与应用。据统计，全世界粮食产量因虫害所造成的损失在14%左右。长期以来，人们普遍采用化学杀虫剂来控制害虫，全世界每年化学杀虫剂的消费总金额在200亿美元以上。但化学杀虫剂的长期使用造成农药的残留、害虫的耐受性提高、环境污染等严重问题，而利用基因工程手段培育的抗虫植物新品种可以克服以上缺点，同时还具有成本低、保护全、特异性强等优点。目前，我国已获得多种抗虫基因，其中蛋白酶抑制剂基因、淀粉酶抑制剂基因、植物凝集素基因、昆虫特异性神经毒素基因、几丁质酶基因等，在抗虫方面得到了广泛的应用，已被导入烟草、棉花、油菜、水稻、玉米、马铃薯等多种农作物，有的已进入了商品化生产。

第二，抗病毒生物技术的研发。传统的抗病毒作物，是将植物天生的抗病毒基因从一个植物品种转移到另一个植物品种，然而抗病植株常会转变为感病植株，而且作用范围较窄。采用基因工程的培育技术有别于传统方法，目前最有效的方法是将病毒外壳蛋白基因导入植株获得抗病毒的工程植物。

专栏 2　生物技术在农业风险管理中的应用

"抗癌"油菜品种。根肿病被称为油菜的"癌症"，是近年在油菜作物上迅速传播的顽固性土传病害，在土壤中可存活10～20年，并随人畜活动、机械作业、水流灌溉等多种途径传播，难以根治，轻则大幅减产，重则可能绝收。陕西省杂交油菜研究中心借助油菜产业体系平台，联合省内外油菜研究团队，协同攻关，从生物抗病基因入手，通过分子设计育种技术，将抗病基因和优异性状基因组进行快速整合，选育了陕西第一批抗根肿病油菜新品种——秦优 1R、秦优 2R、秦优 3R和秦优 DK4R。通过对比试验，非抗病品种的感病株率为87%～100%，抗病品种的感病株率仅为 2.1%～6.7%。陕西省汉中、安康，以及湖北、安徽、江西等地区的区域试验种植结果表明，上述品种具有高产稳产、抗逆性强、适应性广、适宜全程机械化作业等特点。

第三，抗寒生物技术的研发。低温对细胞造成损伤的主要原因是造成细胞内膜结构中的脂质双层流动性降低，导致膜结构损伤，影响植物正常生长。目前，通过分离能催化形成高不饱和脂肪酸的甘油磷脂酰转移酶的基因，并将其转入植物而获得具有抗寒能力的转基因作物已见报道。此外，从一些生活在高寒水域的鱼类分离出一些特殊的血清蛋白，即鱼抗冻蛋白及其基因，可以降低在低温下细胞内冰晶的形成速度，从而保护细胞免受低温损伤。

　　第四，抗除草剂生物技术的研发与应用。目前，全世界约有 2 000 多个除草剂品种，在农药市场占有最大份额。然而除草剂的使用有着自身难以克服的局限性，如很多除草剂无法区别庄稼和杂草，有些除草剂必须在野草长起来以前就施用，而且由于抗性草类群落的出现导致使用量增大，对环境的危害也日益严重，制造抗除草剂的转基因作物是克服这些缺点的理想途径。比如将靶酶基因导入作物细胞，可以从矮牵牛中克隆出 EPSP 合酶基因转入油菜细胞的叶绿体中，使油菜能有效地抵抗草甘膦的毒杀作用。有科研机构把降解除草剂的蛋白质编码基因导入宿主植物，从而保证宿主植物免受其害，该方法已成功地用于选育抗磷酸麦黄酮的工程植物。

3. 提升机械装备技术水平

　　农业机械化水平的提高，不但可以提高土地利用率，还能够提高农业抗风险能力。近年来，政府加快推动农业装备产业升级，通过强化政策和资金支持，鼓励科研机构、企业加大农业机械化投入和研发，推动数字化、智能化技术与农业装备的深度融合，物联网等信息技术在农业机械化中的应用越来越广泛。比如利用物联网的实时监测功能，通过传感器对农作物病虫害情况进行实时监测，一旦发生病情，可以通过无人喷施农药设备进行防治，有效提高了农业机械在防灾减灾作业中的及时性、精准性。随着国内北斗自动导航、精准变量作业等农机智能终端的推广应用，"物联网＋"信息化技术与装备在大马力拖拉机、收获机及其他大中型动力机械上的应用水平也在逐步提高，能够实现机具精准定位、作业指引或自动驾驶、变量播种施肥、作业全程监控、生产调度决策等功能融合，提升机具精准作业和连续作业能力，大幅度提高农机作业效率。农机总动力、主要农作物农业机械化率稳步提升。2020 年，农业机械总动力 10.6 亿千瓦，同比增长 2.7%；全国农作物耕种收综合机械化率达到 71%，与 2012 年的 57% 相比，上升了 14 个百分点。

农业机械化逐步向高端、精准、智能化方向发展。一是智能化动力机械。此类机械借助 GPS、图像识别、实时通信等技术来提升操控性。驾驶室一般会设置一定数量的计算机，并且配有统一的接口，确保与不同农机进行有效对接。智能化设备配备了可视化的人机交互界面，可以依靠屏幕操作来选择需要显示的信息，并根据需求调用数据库相关信息。二是智能化播种机械。此类机械能够以播种阶段田块土壤墒情或者生产条件变化为导向，对播种量、施肥量等进行精准调控。三是智能化施肥机械。此类设备能够在施肥阶段，结合作物种类、土壤条件等对施肥量进行把控，切实提升化肥利用率。四是智能化灌溉、喷药及收获机械。灌溉机械能够实现智能化节水。喷药设备能够根据作物发育水平、农田环境合理控制农药用量，降低农药对土壤、水体等的影响。收获设备一般装设了各类传感器或者定位系统，可以在收获粮食作物的同时，对作物含水量、农田产量等进行测量，并根据测量数据生成相应的产量图，为后续生产提供参考。

专栏 3　农业智能装备在农业风险管理中的应用

案例 1：“互联网＋”农机深松作业监管与服务系统。该系统由国家农业智能装备工程技术研究中心研发，集成智能传感器技术、卫星定位技术和无线通信技术，实现耕整地作业状态识别、面积测量、深度监测和数据实时回传；通过作业管理服务器系统和耕整地作业管理服务客户端软件，实现对耕整地作业监测终端回传信息的解析、作业量计算、作业质量分析、作业面积统计、存储和数据分发等功能；通过客户端软件能够实现农机作业实时定位跟踪、作业质量监测、作业面积统计、视频监控、历史轨迹回放、权限管理、用户管理、地图操作等功能。目前，该系统已在山东、安徽、河南、新疆、内蒙古、陕西等 18 个省份累计装机 8 000 余套，系统监测统计深松作业面积达 53.3 万公顷，回传数据总量 3 800 G。

案例 2："互联网＋"土壤墒情监测系统。该系统通过开展农田土壤墒情监测工作，掌握农田土壤墒情变化规律，发布农田土壤墒情信息，能够有效地为种植业结构调整、防旱抗旱、科学灌溉、开展节水农业社会化服务提供科学依据。该系统已在全国 25 个省份建立 1 200 多个固定远程墒情监测站和 2 000 套区域移动墒情监测站，推广使用各种感知传感器 30 000 多套，推广应用面积 755.9 万公顷，新增产量 100 多万吨，年节约用水约 20 亿立方米，取得了 40 多亿元的经济效益。

案例 3："互联网＋"农村机井灌溉用水计量管理及信息发布平台。该系统针对农村机井灌溉用水的精确计量和定额管理，综合运用射频识别技术、物联网技术以及地理信息系统技术，实现对区域灌溉用水的总体规划、定额管理、用水信息统计分析和管理决策功能，为农村灌溉用水计划的宏观决策和水量限额管理提供技术支撑。当前平台已覆盖京津冀地区共 1 800 眼机井，机井用水信息可实时上传至信息发布平台，通过平台可为下设区（县）分配年度用水定额，并根据各地校准井参数为不同区域设定不同的水电折算系数。同时可以对不同地区、不同时段的用水情况进行统计分析，快速掌握用水情况，获取预警信息。

（三）推动专业化统防统治与绿色防控融合发展

农作物病虫害专业化统防统治与绿色防控整合，是抵御病虫害风险、实现农药减量控害的主要措施，也是农业面污染治理、农业绿色发展的主要内容。近年来，我国坚持"预防为主、综合防治"的植保方针，以专业化统防统治为主要形式，以农作物病虫害全程绿色防控为重点内容，深入推进农作物病虫专业化统防统治与绿色防控融合发展。

1. 培育专业防治组织

近年来，农业农村部积极培育装备精良、服务高效、管理规范的病虫防治专业化服务组织、新型农业经营主体等，推行统一组织发动、统一技术方案、统一药剂供应、统一施药时间、统一防控行动的"五统一"防治，鼓励、引导发展全程承包防治，不断提高专业化统防统治覆盖面和重大病虫害科学防控水平，逐步形成"政府扶持、市场运作、多元主体、专业服务"的病虫害防控新机制。2021年7月，河南发生严重洪涝灾害，部分地区农作物受灾较重。灾后农作物促弱转壮、病虫害防治等工作时间紧、任务重，针对农民一家一户实施难的实际情况，农业农村部会同河南省，组织发动专业化防治服务组织，积极投入灾后农业生产恢复工作。据统计，截至2021年8月4日，已有400多家专业化防治服务组织投入减灾救灾工作，出动无人机、地面自走式高效施药机械3 000台（套），实施统防统治作业面积20.7万公顷，有力推动了河南省灾后农业生产恢复。

2. 打造融合示范基地

"十三五"时期，农业农村部以水稻、小麦、玉米、马铃薯、油菜等主要粮油作物和水果、蔬菜、茶、棉花、糖等经济作物为重点，在全国建立了600个绿色防控与统防统治示范基地。依托新型农业经营主体、病虫防治服务组织，大力推进专业化统防统治，推广理化诱控、生物防治、生态调控等绿色防控技术，强化两者协调配合应用，集成示范以生态区域为单位、作物为主线的全程农药减量控害技术模式和操作规程，并通过举办农民田间学校、组织现场观摩和专题培训等形式，进行大面积的推广应用。

3. 推进农企合作共建

近年来，农业农村部积极推进农业社会化服务，引导病虫防治专业化服务组织、新型农业经营主体与农资生产企业合作，集聚资源，共建融合示范基地，联合开展技术集成、产品直供、指导服务、示范推广活动，加快高效低风险农药、高效节药植保机械、绿色防控产品推广应用进程，提升了专业化统防统治水平。一些农机装备制造企业、农业投入品生产经营企业纷纷开展农业社会化服务。据统计，截至 2020 年年底，我国农业社会化服务组织已超过 90 万家，服务面积达 1.1 亿公顷，服务农户 7 000 万余户。

专栏 4　专业化统防统治与绿色防控融合发展中农企合作共建的案例

浙江省诸暨市引入河北威远生化有限公司和深圳高科新农技术有限公司共同开展农企合作共建示范基地建设，按照"控、替、精、统"技术路径，积聚资源，集中力量，研究组装农药减量控害集成技术，示范推广高效低毒农药和无人机防控先进技术和服务模式。通过建立完善"三方合作"平台，实施"统一方案、统一监测、统一供药、统一防控"四统一，科学配套绿色防控措施，实现施药次数、施药量"双降"，深受农户欢迎。全市农企合作共建飞防服务面积达 1 333.3 公顷以上，培育飞防专业化服务队伍 11 个，飞防面积 4 666.7 公顷，服务范围从单一的水稻扩展到油菜、小麦等多种作物，从根本上解决了散户在病虫害防治上乱用药、用错药和无人防的突出问题，减少了用药，提高了效率，节约了成本，有力推动了统防统治模式转型升级，促进了农业可持续发展。

（四）加大监测预警力度

农业监测预警是对农业生产、流通、市场、消费等各个环节进行数据采集、信息分析、预测预警与信息发布的过程，通过对农业产业链、价值链和供应链以及信息流、物质流和资金流等的监测预警，可以实现全产业链的实时化、精准化和智能化管理调控，是防范和化解各种风险挑战、确保农业持续健康发展、助力乡村产业振兴的重要手段。我国农业监测预警工作起步较晚，但发展较为迅速，通过推动监测预警系统建设、加强监测预警技术研发、加强监测预警全周期管理，有效提升了农业监测预警水平。

1. 推动监测预警系统建设

近十几年来，通过国家"金农"工程、国家科技支撑计划、农业农村部市场预警专项等一系列重大工程和科研项目，我国成功研发并应用了涉及农业生产、食品安全、市场流通、农产品消费、疫病监控、病虫害防控等领域的农业监测预警系统，如涵盖11大类953种农产品的监测预警系统（CAMES）、覆盖18个主要农产品及农资的供需分析系统（CAPES）等；成立了由农业农村部农村经济研究中心、中国农业科学院农业信息研究所、中国人民大学、上海交通大学等12家单位的12位专家组成的农业农村部市场预警专家委员会，为农产品市场调控政策的制定提供重要智库支撑；组建了一支由首席分析师、会商分析师、省级分析师和产业信息员共计1 000余人的预警团队，通过对农产品分品种的常规分析监测、应急追踪监测和热点监测，以日报、周报、月报、专报、专刊等形式，将农产品市场监测数据及形成的预警报告、展望报告、聚焦报告和调研报告等及时上报，为国务院和相关部门及时、有效地进行宏观调控提供了决策参考，提升了对突发事件的应急管理能力。

2. 加强监测预警技术研发

一是强化农业气象灾害监测预警技术研发。我国气象灾害种类繁多、影响范围广泛且发生频率较高，对农业生产影响较大。只有不断增强农业气象灾害的监测预警能力，才能最大限度地避免或者降低灾害造成的影响。如农业农村部委托中国农业科学院农业资源与农业区划研究所主持完成的"农业旱涝灾害遥感监测系统"，突破了旱涝灾害信息快速获取、灾情动态解析和灾损定量评估3个技术瓶颈，是国内首个精度高、尺度大和周期短的国家农业旱涝灾害遥感监测系统。甘肃省气象局主持完成的"中国西北干旱气象灾害监测预警及减灾技术"项目，丰富和发展了西北干旱预测物理指标和干旱监测指标体系，研制了监测农田蒸散的大型称重式蒸渗计，有效提高了干旱监测、预测的准确度。

二是强化农业病虫害监测预警技术研发。病虫害监测预警是开展病虫害防控的重要基础，做好监测预警工作，对于开展病虫害源头治理、落实绿色防控、实现农药减量控害等工作具有事半功倍的效果。目前，我国已研发并应用了棉铃虫区域性迁飞规律和监测预警技术，建立了覆盖中国棉铃虫发生区的国家棉铃虫区域性灾变预警技术体系，研究了主要农业入侵生物的预警与监控技术，创新了入侵生物定量风险分析技术，提高了对入侵生物野外跟踪监控能力。例如，江苏省农业科学院植物保护研究所主持完成的"长江中下游稻飞虱暴发机制及可持续防控技术"项目，探明了长江中下游褐飞虱后期突发、灰飞虱区域性暴发关键机制，创新了监测防控技术。

三是强化农产品市场信息采集技术研发。加强农产品市场信息获取技术研究，提高信息采集的及时性和准确性，最大限度地获取包含生产、流通、加工、消费等多维度的农产品信息，是农产品市场监测预警的内在要求。农业农村部委托中国农业科学院农业信息研究所主持完成的"农产品市场信息采集关键技术及设备研发"项目，围绕农产品市场信息的采集，开展了关键技术研究与设备研制，解决了农产品市场领域信息感知、传输、处理环节的科学问题，为实现农产品市场的信息采集和分析预警提供了有效手段。

3. 加强监测预警全周期管理

每年开展大量的农业统计调查、监测分析会产生大量数据。据估算，每亩农田每年产生的数据约为 15G。在来源广泛、类型丰富和结构复杂的大数据推动下，农业监测预警的监测信息从样本向总体延伸，分析对象和研究内容变得更加细化，监测过程从农业单一环节向全产业链、全过程、全生命周期扩展，预警周期由中长期向短期扩展，预警区域从全国、省域向市域、县域、镇域，甚至是田块级别覆盖。2021 年 7 月，农业农村部、水利部、应急管理部、中国气象局联合召开全国农业防灾减灾工作推进视频会，要求进一步完善部门信息共享机制，加强沟通会商，做好灾害监测预警。8月初，南方多地高温天气"火力全开"，农业农村部和中国气象局联合发布水稻高温热害预报预警信息，提供农事建议。

（五）人工影响天气加强灾前防控

人工影响天气是通过科技手段对局部大气的物理、化学过程进行人工影响来减轻或者避免气象灾害，在合理条件下，利用气候资源，达到增雨雪、防雹、消雨、消雾、防霜等目的。也有利用小型飞机、高射炮等运载工具进行人工增雨、防雹作业，向云中播撒催化剂，在一些农田进行人工防霜，以及在机场、航道、高速公路等进行人工消雾等措施。2012 年 8 月 30 日，国务院办公厅印发《关于进一步加强人工影响天气工作的意见》。2014 年 12 月 17 日，国家发展和改革委员会、中国气象局共同印发《全国人工影响天气发展规划（2014—2020 年）》，明确构建国家、省、市、县以及作业点五级有机衔接的组织领导体系。2020 年 12 月 2 日，国务院办公厅印发《关于推进人工影响天气工作高质量发展的意见》。人工影响天气在保障农业生产、防灾减灾、生态建设、服务政府决策等方面的作用越来越显现。例如，黑龙江省成立了人工影响天气办公室，抓抗旱，保粮食安全。全省科学部署了 1 833 个地面作业站点，组织 3 669 名作业人员开展常态化人影地面作业，在关键农时加强人工影响天气作业，降下"及时雨"。抓降险，保生态安全。把增雨作业作为降低森林火险等级的重要手段，开展大兴安岭寒温带针叶林生态修复人工影响天气示范区工程建设，构筑北部林区生态屏障。抓增雨，保饮水安全。利用高性能增雨探测飞机搭载的云水探测设备，科学评估云水资源分布和演变，适时开展水源地增雨作业，确保居民用水安全。抓防雹，保经济作物安全。在烤烟种植区、蔬菜等特色作物的重要产区布设高炮防雹作业点，形成覆盖种植区的防雹减灾网。抓基础，保能力提升。开发东北人影地面作业空域申报系统，开展地面联合作业指挥应用人影信息三维分析系统和人影物联网建设，科学布设微波辐射计、雨滴谱仪等地基探测设备，打造"星基—空基—地基"三位一体的人影立体监测网络。

（六）加强灾害救助管理

灾害救助是国家或社会对因遭遇各种灾害而陷入生活困境的灾民进行抢救和援助的一项社会救助制度，其目的是通过救助，使灾民摆脱生存危机，同时使灾区的生产、生活等各方面尽快恢复正常秩序。由于全球气候变暖，极端气候增多，农业生产过程中自然灾害频繁发生，给生产经营主体带来重大的经济损失，农业应急管理呈现常态化趋势，提高灾害救助水平已经成为稳定农业生产的重要任务。

1. 推进农业灾害救助信息化建设

农业应急管理信息化建设是国家应急管理体系建设的重要组成部分，是农业信息化建设的重要内容，是适应我国现代农业发展需要、有效提升农业应急管理能力、积极推进农业治理体系和治理能力现代化的重要举措。近年来，我国深入推进农业信息化系统建设，打造了集应急值守、监测预警、应急处置、信息报送、移动指挥等功能于一体的农业应急管理信息化系统，为农业农村部门处理突发灾害事件提供了信息支撑。

专栏5 农业应急管理信息化建设

案例1：吉林省构建"一平台（应急管理综合应用平台）两中心（云数据中心和应急指挥中心）四体系（前端感知网络体系、应急通信网络体系、运行保障体系、标准规范体系）"的应急管理信息化布局，坚持以省级统建为主，市、县分级应用，省级重点加强源头信息采集和业务系统建设，市、县级重点加强系统的推广应用，推动信息化集约建设。

案例2：广东省应急管理系统围绕统筹发展和安全，全力防范和化解风险。信息化是应急管理的"制胜一招"，围绕实战进行攻关，已基本实现监测预警一张图、视频连线一张屏、指挥协同一体化、应急联动一键通。在全域感知下，广东省121家重大危险源企业内部3D实景跃然眼前，1.2万处地质灾害隐患点、雨窝点、大中小水库等承灾数据实时可见。

---

2. 完善灾害救助队伍体系

我国自然灾害应急队伍以国家综合性消防救援队伍为主力，以专业救援队伍为协同，以军队和武警部队为突击，以社会力量为辅助。根据自然灾害分布特点和专业队伍现状，突出重点地区和灾害高风险区域队伍配置，形成了覆盖全国、规模适度的自然灾害应急队伍分布格局。2020 年 8 月，应急管理部与中国国家铁路集团有限公司签署建立应急联动机制协议，发挥高铁速度快、运量大、全天候、远距离的独特优势，合力构建应急救援力量快速输送系统。应急管理部森林消防局与顺丰控股股份有限公司签订应急物流配送合作框架协议，围绕汛期可能担负的防汛任务、可能增援的方向，科学确定摩托化、高铁、民航等机动样式，确保面对重大汛情时能够快速跨区支援。

3. 加强灾害救助物资保障

应急管理部与企业合作建设国家应急资源管理平台，以"集中管理、统一调拨、平时服务、灾时应急、采储结合、节约高效"为原则，通过应急大数据，初步实现包含人员、物资、交通、捐赠以及社会力量的统一调配，实现社会应急资源供需信息在一个平台上运行共享，调配行动在一个平台上统筹协调。在物资品种上，中央救灾物资主要存储需求量较大、价值较高、需定制定招、生产周期较长的物资，主要包括救灾帐篷、救灾被服和救灾装具三大类 18 个品种。各地主要存储符合当地灾害特点的救灾物资。在储备规模上，中央财政每年安排预算约 1.35 亿元采购中央救灾物资，如遭遇重特大灾害、救灾物资消耗较大时，中央财政还追加预算采购。在储备方式上，形成了以实物储备为基础、生产能力储备和协议储备相结合的储备机制。在调运管理上，不断探索提升救灾物资储备网络化、信息化、智能化管理水平。

专栏 6　江西省不断提升灾害救助能力

一是储备体系不断完善。牵头做好全省重要应急物资日常储备和生产能力储备体系建设工作，建立省级层面联络员会议制度，会同省直9部门印发《关于建立健全全省重要应急物资储备体系建设工作实施方案》，完成《江西省重要应急物资储备应急预案》和《江西省重要应急物资储备区域规划》编制工作。省政府出台了全国首个《关于加强全省救灾物资储备体系建设的实施意见》，着力构建"四级储备、六类定位"的全省救灾物资储备网络体系，推动形成高效畅通的救灾物资储备调运管理机制。

二是储备规模不断加强。积极推进中央预算内投资支持江西省市、县级救灾物资储备库建设，应急管理部、国家发展和改革委员会在"十三五"期间安排中央预算内投资支持江西省9个地级市和51个县级救灾物资储备库建设，支持数量排全国第二位，下达9个地级市、33个县级库项目中央预算内投资10 989万元，萍乡、吉安、抚州等市救灾物资储备库已基本完成建设任务，樟树、德兴、吉安等7个县（市、区）救灾物资储备库已建成，其他建设项目正按要求抓紧推进。总投资1.2亿元的省级救灾物资储备库迁建工程完成建设，并移交省粮食和物资储备局投入使用。同时，会同省财政厅在全国率先印发《关于加强救灾装备建设的指导意见》，细化明确5大类34项救灾装备清单，并推动市、县及时提出贯彻意见，近60%的县采购配备了摄像机、报灾手机、冲锋衣等报灾系统设备、工作防护装备等。

三是保障水平不断提升。在争取中央部委为江西省57个县配备救灾应急专用车辆的基础上，积极协调省财政安排690万元专项经费，为其余23个县（市）配备救灾车辆，在全国率先实现救灾车辆全省所有县（市）全覆盖。调拨近4万余件（套）帐篷、棉被等救灾物资，支持全省330余个隔离观察所

（点）的开设工作，保障受疫情影响人员和隔离群众 2 万余人（次）的基本生活，有力支持了各地疫情防控工作。在全国首创从省级救灾资金预算中安排 2 700 万元专项资金用于综合减灾工作，积极开展救灾物资储备库（点）建设等，进一步提升全省基层自然灾害救助和应对能力。

（七）加强农业保险保障能力

农业保险作为风险管理工具，在防范农业风险、稳定农业生产、确保粮食安全、促进农业转型升级以及稳定农民收入等方面发挥了积极作用，成为国家强农惠农政策的重要组成部分、农业支持保护的重要手段和促进农业现代化的重要措施。

1. 扩大农业保险覆盖面

近年来，在国家政策支持下，我国保险服务机构全面下沉，积极开展农业保险业务，保险覆盖面显著提高，服务可得性进一步提升，农业保险实现了跨越式发展。截至 2019 年，农业基础保险服务已经覆盖全国超 3 万个乡镇，覆盖率超过 95%，近 40 万个基层服务网点、50 万名基层工作人员为亿万农户和农业生产经营组织提供保险服务。如中华联合保险集团股份有限公司已在全国 28 个省份 196 个市 1 765 个县开展农险业务，农村网点下沉到 2.7 万个镇、村。2020 年，全国农业保险累计实现保费收入 814.9 亿元，同比增长 21.2%；综合赔付率 76.3%，较全险种高 13 个百分点；综合费用率为 23.5%，较全险种低 14 个百分点；综合成本率 99.8%，较全险种低 1 个百分点；共计为 1.9 亿户次农户提供风险保障 4.1 万亿元，已向 5 181.9 万户次受灾农户支付赔款 616.6 亿元，成为农户灾后重建和恢复生产生活的重要资金来源（图 9）。

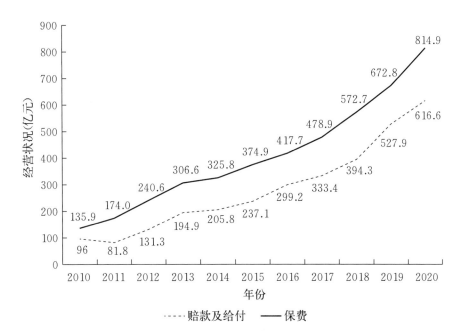

图 9 2010—2020 年农业保险经营状况

数据来源：《中国统计年鉴》

分领域看，2020 年，种植业保险保费收入 490.2 亿元，占总保费收入的 60.2%，同比增长 15.2%，赔付支出 400.4 亿元，占总赔款的 64.9%，同比增长 23.1%，受益农户 4 367.3 万户次。种植险中占比较大的作物是玉米（4.2 亿亩、111.3 亿元）、水稻（4.1 亿亩、102.1 亿元）、小麦（3.3 亿亩、62.6 亿元）；种植险综合赔付率 75.4%。养殖业保险保费收入 282.2 亿元，占总保费收入的 34.6%，同比增长 33.8%，赔付支出 201.4 亿元，占总赔款的 32.7%，同比降低 8.2%，受益农户 796.2 万人；养殖险中占比较大的品种是：奶牛（1 078.3 万头、46.0 亿元）、能繁母猪（3 162.6 万头、24.7 亿元）、育肥猪（3.8 亿头、128.7 亿元），养殖险综合赔付率 78.2%。涉农保险实现保费收入 63.0 亿元，同比增长 47.2%。农房保险、农机保险、渔船保险共占涉农保险总保费收入的 19.4%。其中，农房保险保费收入 8.3 亿元，同比降低 5.4%；农机保险保费收入 2.5 亿元，同比增长 19.8%；渔船保险保费收入 1.4 亿元，同比增长 10.3%。

2. 扩大保费补贴范围

2007 年中央财政实施农业保险保费补贴政策以来，各级财政支持力度持续加大。一是补贴品种不断增多。在低保障、广覆盖的政策取向下，我国政策性农业保险品种不断增多，已列入中央财政保费补贴的 16 类 22 种政策性农业保险品种，其中以粮食为主的大宗农作物保险保费占到农业保险保费收入的 80% 以上。2018 年，在内蒙古、辽宁、安徽、湖北、山东、河南等 6 省（自治区）的 24 个产粮大县开展了粮食完全成本保险和收入保险试点，推动农业保险向"保价格、保收入"转变。2021 年，三大主粮作物完全成本保险和种植收入保险试点范围扩大至河北、内蒙古、辽宁、吉林、黑龙江、江苏、安徽、江西、山东、河南、湖北、湖南、四川 13 个粮食主产省份大约 60% 的产粮大县（500 个），补贴比例为在省级财政补贴不低于 25% 的基础上，中央财政对中西部及东北地区补贴 45%，对东部地区补贴 35%，2022 年将实现这些省份产粮大县的全覆盖。为支持地方特色产业发展，2019 年，财政部在内蒙古、山东、湖北、湖南、广西、海南、贵州、陕西、甘肃、新疆 10 个省份开展了中央财政对地方优势特色农产品保险的以奖代补试点，新疆棉花、海南橡胶、广西糖料蔗等地方特色产品获得更高的保险保障。2020 年起，试点范围扩大至内蒙古、辽宁、吉林、黑龙江、山东、湖北、湖南、广东、广西、海南、四川、贵州、云南、西藏、陕西、甘肃、青海、宁夏、新疆 19 个省份以及新疆生产建设兵团。对纳入试点范围的地方优势特色农产品保险保费，在地方财政至少补贴 35% 的基础上，中央财政对中西部地区和东北地区补贴 30%，对东部地区补贴 25%；对新疆生产建设兵团补贴 65%。

二是补贴规模不断扩大。据统计，我国农业保险保费补贴规模从最初的 21.5 亿元增加到 2020 年的 288 亿元，14 年间增长了 12.4 倍，年均递增 22.1%，中央财政保费补贴资金使用效果放大了 170 倍。2020 年，中国农业保险的保费规模达到 814.9 亿元，其中享有财政补贴的农业保险保费有 774.7 亿元，占农险总保费的 95.1%。中央财政应补 285.3 亿元，占农险保费的 35.0%；省级财政应补 190.3 亿元，占 23.4%；地（市、县）级财政应补 127.9 亿元，占 15.7%，各级财政补贴合计 603.6 亿元。

3. 创新保险服务模式

2020 年有 32 家公司经营农险业务，保险机构与银行、担保、期货连接，多方参与共同为农户提供保险和金融服务。保险机构为农户提供的贷款保证保险产品，通过"保险＋信贷"的模式，既为农户获得银行贷款提供便利，也将银行和担保机构纳入风险管理体系。

"保险＋期货"模式是重要的创新，是政府与市场相互结合形成的中国特色农业风险管理工具。发挥"保险＋期货"在服务乡村产业发展中的作用，是根据中央 1 号文件构建现代乡村产业体系的任务提出来的，是根据乡村产业发展在全面推进乡村振兴中的重要地位提出来的。通过保险和期货的优势互补，农民面临的农产品价格风险，借由农产品价格保险和场外期权，经过保险公司和期货公司传递到期货市场，分散到广大期货参与者。这一创新模式不仅推动农业保险的创新发展，也为农产品定价机制改革提供新的机会。2015 年启动"保险＋期货"试点，在多家保险公司和大连、郑州、上海三大商品交易所以及众多期货公司的热烈支持和响应下，保险公司与期货公司共同开发出玉米、大豆、棉花、橡胶、苹果、大枣等"保险＋期货"产品。"保险＋期货"项目从分散试点到县域覆盖，实现了模式转型升级；从风险管理到精准脱贫，实现了服务转型升级；从政府直补到市场化运行，实现了效益的转型升级；从保险市场到期货市场，实现了发展的转型升级。有专家认为，"保险＋期货"将促进保险实现三个转变：由服务农业生产向服务乡村产业转变；由单纯的服务农业产业向服务农村一、二、三产业转变；由服务农业的生产链向服务农产品的加工链、供应链转变。

"保险＋区块链"模式基于区块链技术建立针对被保险对象是牲畜或物体的身份识别系统，初步破解了长期困扰家禽保险承保难、查勘难、理赔难等行业痛点，不仅满足了新型农业经营主体的风险保障需求，还保障了养殖产业的平稳发展。中国人民财产保险股份有限公司利用区块链技术，探索养殖保险"标的唯一性"管理新模式，通过构建基于区块链的养殖业溯源体系，实现风险管理"标的唯一性"。同时，通过区块链加强了与银行、担保联动、合作，解决了龙头企业、养殖合作社等新型经营主体融资难、贷款难、担保难等问题，为农业产业保障、农民增收、农村普惠金融探索了新的路径，意义重大。

"保险＋互助组织"以建立专项保费资金的形式将基层政府、农村集体经济组织、保险公司三方的利益紧密结合在一起，基于组织成员之间的信任，以较低的风险识别成本，采用互助互惠的形式推动农业保险深层次发展，进而使得互助成员通过较低的费用实现风险管理，真正做到农业保险农民参与、农民管理、农民受益。同时，政府直接参与农业保险实施全过程，控制力和满意度极大提高，而对保险机构来说，通过解除对高风险、高价值、高赔付保险产品的后顾之忧，保险机构能更加专注地提供优质的农险服务。中煤财产保险股份有限公司以山西省万荣县优质苹果主产区集体经济组织为服务对象，建立覆盖苹果优势主产区全部集体经济组织的果业保险保费专项资金池，提供产品开发设计、承保理赔管理、再保分出设计、科技兴农应用等各项服务工作，打造了全国领先的果业"保险＋互助组织"的新型服务模式。

4. 创新保险服务手段

各保险机构围绕农业保险科技赋能，持续优化精准承保理赔能力，不断提升业务管理质效，助力农业保险高质量发展。在种植险领域，"按图承保、按图理赔"已得到广泛应用。基于 3S 和 4G 技术，充分利用地理信息技术（GIS）、遥感技术（RS）、全球卫星导航系统（GNSS），结合 AI、物联网、大数据、云计算、移动互联、无人机航拍和手持终端等技术体系，精准划定地块，建立起地块数据底图，精确锁定投保地块位置和面积，实现"农户—承保/理赔信息—投保地块"的空间化和唯一关联，一个地块只允许承保、理赔一次，有效避免重复投保、虚假投保等问题。利用卫星遥感、无人机、移动勘查设备，从"天、地、空"三个层面对受灾地区进行多层次、立体化、全覆盖的查勘定损，快速采集农业保险标的的位置信息并自动计算面积，实现信息快速传输，有效解决了耕地数据不准确的问题。移动查勘定损系统，降低了理赔工作量，极大地提升了管理水平和赔付效率。中华联合保险集团深入开展精准承保理赔科技创新示范工作，探索适合农业风险管理规律的精准承保理赔新模式，利用"空天地一体化"遥感地理信息应用，以"按图作业"推动种植业保险实务流程再造，代替人工粗略误差大的查勘手段，推动承保真实、理赔准确，回归保险保障本源。如 2020 年 5—7 月，因受持续高温、少雨天气的影响，新疆生产建设兵团第六师五家渠奇台农场发生小麦干旱灾害，且局部区域旱情严重。中华保险在小麦灾害查勘定损中，利用"天、空、地"技术，以卫星遥感测定受灾区域、受灾面积；以无人机和手持 GPS 设备核实受灾程度、作物样本、受灾区域位置等数据，校准卫星遥感数据，确定损失面积、损失程度，充分应用高科技手段大幅度提高了灾害定损效率。该案例被评为 2020 年度中国保险业服务创新案例暨影响力赔案优秀案例。

专栏 7　遥感在农业保险中的应用案例

根据农业保险的性质和工作流程，农业保险主要分为定标验标和定损理赔两个阶段。遥感支持下的农业保险项目主要包括 5 个方面的工作，遥感的主要应用为快速获取地块信息和快速定标、验标、定损。

前期准备工作。主要包括卫星数据的收集与处理和农险业务数据的收集。一是获取卫星遥感影像。依据项目要求和作业目标的不同，选择不同的卫星遥感影像作为数据源，常用的数据多来自高分系列卫星、Planet 卫星、Landsat - 8 卫星、Sentinel 系列卫星等。二是获取地块边界信息、权属信息。获取农村土地经营权确权数据和土地流转信息，并利用遥感影像实现数据更新。

获取地块信息。采用高分辨率卫星遥感数据，利用深度学习和机器算法，实现地块分割，以确保地块边界信息的准确性与时效性。通过地块分割成果，可方便快捷地获取地块位置、面积等信息。将成果制作成数据库装载入移动 App，开展现场实地调查，以实现地块与承保信息的挂接。对于有确权数据和权属变更信息的情况下，可以直接进行室内挂接，找出分割地块与确权地块不一致的地方，在移动 App 中标记，并去现场核实，确认后进行更新。此过程解决了农险中合作双方在地块和承保信息不对称的问题，并且省去了传统农业保险中人工查勘地界、测算面积的过程，从而节省人力物力支出，提高效率。

定标。根据投保项目区域和投保作物品种，确定需要的遥感影像数据源和影像时间，结合实地采样数据解译出目标作物地种植分布情况，用该数据与承保数据相结合，与地块数据相挂接，得到全面的地块信息、作物信息和承保人信息，实现定标。

验标。有别于传统验标中的实地走访与勘测，遥感验标利用遥感影像解译的成果与定标数据进行对比，将其中的典型地块和不一致地块，进行实地验证并采集样本，即可实现对所有地块的修正与完善。将完善的成果发送保险公司，通过多次沟通确认无误后，完成验标工作。

定损。根据灾前灾后的遥感影像，动态监测作物长势变化情况，判断受灾区域和受灾程度，结合验标数据，得出承保农户的受灾地块位置、受灾面积和受灾程度，从而实现作物定损，为理赔提供依据。

在养殖险领域，利用电子耳标、二维码和 DNA 生物鉴别、AI 等技术，对畜禽标的进行准确的信息采集和个体识别，确保"身份真实"。"前、中、后"一体化互联网＋云服务平台，有效地解决了数量识别和风险管控难题，从而降低道德风险。应用区块链技术，投保者在区块链系统上记录养殖户进雏数量，以此数量为依据进行承保出单；参保养殖户在区块链系统上记录每天的死亡数量，并拍照上传；屠宰场记录畜禽屠宰数量，区块链系统使用智能合约技术对屠宰场记录数据和养殖户日常记录的死亡数据进行比对，认证真实死亡出险数量，按条款约定自动赔付。如果不出现大灾，不需要到现场进行查勘。中华保险在"保险与新技术融合"方面，持续加大电子耳标、AI 智能点数以及移动端 App 等领域的投入力度，全面提升养殖险信息化、数字化、智能化水平，切实提高业务管理质量和服务效率，为养殖险发展提供可靠的后援支持。如在新疆地区，奶牛保险电子耳标佩戴率已接近 70%，极大地提升了奶牛保险精准承保理赔水平。为积极落实国家加快发展特色农业保险的政策，切实解决传统渔业保险承保理赔难题，中华保险探索搭建了水产全产业链数据平台项目，将物联网、5G、人工智能等成熟技术集成应用于传统养殖系统中，利用水体环境实时监控、饵料精准投喂、病害监测预警等信息化技术，可以有效调控养殖池塘水质、改良底质，降低氨氮等有毒有害物质，减少疾病发生，提高存活率和产量，提高饲料利用率。相较于传统养殖池，集成应用新技术试验池塘主养品种鲤、鲫平均存活率分别提高 11.0%、25.6%，可有效辅助渔民提高养殖风险应对能力，降低渔业保险赔付率。

专栏8 "养殖险"微信小程序

受非洲猪瘟以及新冠疫情影响，全国各地规模化养殖场的生物安全管控要求日趋严格，保险公司进场开展承保理赔工作的难度也越来越大。面向规模化养殖户和保险公司业务人员，北京世纪国源科技股份有限公司研发了免安装"养殖险"微信小程序，降低养殖场人员及业务人员操作难度，提高工作效率，降低承保查勘成本。同时通过第一查勘点和尸重尸长校核，减少虚假理赔，满足养殖险承保理赔财政监管要求。

便捷化信息采集。依托"3S"技术，以系统预设的参考养殖场空间数据为基础，进行养殖场空间四至信息的快速确认与采集，形成统一规范的养殖场空间信息库，实现承保理赔信息的关联空间验证，减少虚假承保、虚假理赔，降低成本支出。

自动高效的合规验证。通过多种渠道与方式，实现养殖场各类标的承保查勘数据有效性、承保查勘信息一致性、信息重复性、采集照片空间位置符合性等的校验。

多类型信息录入。通过耳标号单个和批量录入、纸质报表图像识别、二维码扫描以及系统对接，实现耳标号信息的便捷录入。

AI智能识别与尸长尸重估算。以承保查勘业务数据为基础，实现区域、养殖场按时间段、按不同级别行政区划、按保险标的险种、按客户类型等多样化的承保查勘情况的可视化展示，支持空间地图逐行政区下载查看业务开展与落实情况，为养殖险科学管理与辅助决策提供支撑。

在森林险领域，利用空间信息技术，以遥感技术为核心，以地理信息系统为平台，以全球定位系统为辅助，打造"天空地（卫星遥感、无人机遥感和地面查勘）"一体化的农业保险立体服务体系，实现"按图承保"和"按图理赔"，实现了农险由分散型管理向数字化管理升级，从传统农业大灾服务方式向科技化查勘全面跨越，从传统农业保险管理向精准农业和合规经营全面提升，助力农业保险高质量发展。

在监管服务方面，通过大数据、信息共享及挖掘技术，构建农业保险综合服务信息平台，从而更好地为政府监管提供决策支持、行业服务和公众服务。2015年，中华联合保险集团围绕食品安全和生态环境保护，积极履行社会责任，在河南省济源市率先试点"养殖业保险与病死畜禽无害化处理联动"创新模式，与济源市畜牧兽医局联动，建立"以保促防，以防促保，防控联动，互利双赢"联动机制，初步实现了养殖险与病死畜禽无害化处理的无缝衔接。2016年，中华联合保险集团在河北平山、武安等地建立"政府监管、财政扶持、企业运作、保险联动"的线上化运行机制，推进育肥猪全生育期保险；在山东威海协同地方畜牧部门、武汉至为科技有限公司共同开发"保处联动"监管平台，将生猪养殖的存/出栏基本信息、病死畜禽死亡信息、运输轨迹、无害化处理信息等有机结合，实现了一套数据、三个部门（畜牧监管部门、保险公司、无害化处理厂）共建共管、共享共赢，建立了覆盖饲养、防疫、保险、用药、无害化处理的闭环管理机制，并逐步丰富扩展监管平台功能，将普惠金融模块纳入平台，通过养殖险赔款优先还贷的方式对银行信贷风险进行托底，对养殖场（户）起到了融资增信效果。截至 2021 年上半年，中华保险已在全国 163 个地区参与"保处联动"建设，累计帮助 20 个养殖场（户）融资近 600 万元。

5. 拓展保险服务内容

近年来，农业保险机构不断拓展业务，细化产品类别，提高保障额度，开发出农机互助保险、渔船保险、以农险保单质押贷款、贷款保证保险等保险服务内容。如中华联合保险集团已开发出农险产品条款 2 005 个，初步构建了涵盖产量、收入、价格指数、天气指数等全品类农险产品库，产品体系覆盖了农、林、牧、渔业等180 余个品种范围。围绕生猪"稳产保供"工作，中华保险创新开展"生猪活体质押贷款"，建立健全了生猪活体抵押融资备案制度和登记机制，养殖风险交由保险公司承担，资金风险交由银行承担，养殖场（户）专注主业生产，各方风险量化可控。养殖场（户）通过投保生猪保险并将保单质押，获得更高的贷款授信额度；保险公司通过适度提高保险金额，并与银行建立信息共享机制，大幅降低银行的贷款风险。该模式于 2019 年 9 月在广东肇庆市试点推出首张保单，帮助某养殖场获得生猪扩养专项贷款 500 万元及融资授信 3 000 万元，当年协同肇庆市 13 家银行向生猪养殖企业以

"生猪活体抵押"模式授信金额 2 亿元。该模式切实提高了贷款养殖场（户）的信用度和抗风险能力，一定程度上缓解了金融支持农村经济发展过程中风险负担过重的问题，有利于进一步建立健全农村金融服务合作机制，解决金融机构"难贷款"和农业发展"贷款难"的供需对接困局，实现养殖场（户）、银行、保险及政府的多赢局面。2020 年，中华保险"生猪活体抵押"模式荣获中国保险业年度十大服务创新经典案例，并入选亚洲金融协会 2020 年度金融优秀案例。2021 年，中华保险围绕"践行普惠金融，服务三农群体，助力乡村振兴"，推出多款"农业保险＋融资"的组合产品，在有农险保单的前提下，结合互联网金融，开展纯信用贷款业务，如"保费贷""种植贷""养殖贷"等。此类产品具有覆盖广、门槛低、放款快等特点，最高个人贷款金额 20 万元，并实现了 3 分钟申请、1 秒钟放款、0 人工干预。截至 2021 年 8 月，中华保险已在全国 9 个省份 18 个地市，试点推进"农业保险＋融资"服务模式，为 45 户中华保险客户提供贷款金额 650 万元。

中国人保财险公司先后开发保障江苏淡绿叶菜、北京秋播大白菜、浙江芦笋、宁夏设施蔬菜、重庆生猪、四川生猪、江苏苗鸡等价格指数保险产品，保障范围也拓宽至市场风险，破解"谷贱伤农"难题，相对稳定农产品价格，保障农户收益。除价格指数保险以外，多家公司在多地试点天气指数保险。例如，国元农业保险股份有限公司在芜湖等地开展超级稻气象指数保险试点，还与安徽省气象局联合建立"农业气象灾害评估和风险转移联合实验室"，进一步提高防灾减损能力。

（八）建立完善农业再保险体系

农业再保险是农业大灾风险分散机制的核心。随着政策性农业保险制度的探索，我国农业再保险体系不断发展完善。2006 年

6月，国务院颁布《关于保险业改革发展的若干意见》（国发〔2006〕23号），指出要"完善多层次的农业巨灾风险转移分担机制，探索建立中央、地方财政支持的农业再保险体系"。2007年以后，商业再保市场日渐繁荣，包括瑞再、汉再、慕再、法再等众多国际再保险公司纷纷进入中国农业再保市场，承接了超过50％以上的中国农业再保市场份额。2014年11月，由23家农险直保公司和中国财产再保险有限公司发起成立中国农业保险再保险共同体，承接成员公司的再保险分出业务，截至2019年，成员公司已增至34家，提供风险保障能力超过万亿元，基本满足了农业再保险行业的保障需求。2019年1月29日，中国人民银行、中国银行保险监督管理委员会、中国证券监督管理委员会、财政部、农业农村部联合印发《关于金融服务乡村振兴的指导意见》，明确提出组建中国农业再保险公司，完善农业再保险体系。同年，中央全面深化改革委员会第八次会议审议通过《关于加快农业保险高质量发展的指导意见》，进一步提出要完善大灾风险分散机制，增加农业再保险供给，扩大农业再保险承保能力，完善再保险体系和分保机制。2020年12月，由财政部、中国再保险（集团）股份有限公司、中国农业发展银行、中华联合财产保险股份有限公司、中国人寿财产保险股份有限公司、北大荒投资控股有限公司、中国太平洋财产保险股份有限公司、中国平安财产保险股份有限公司、中国人民财产保险股份有限公司等9家机构发起的中国农业再保险股份有限公司正式成立，弥补了我国政策性农业再保险体系主体缺失的问题，标志着我国农业再保险体系建设进入新的阶段。作为国家财政支持的农业保险大灾风险分散机制的基础和核心，农业再保险公司将成为加强农业保险信息管理和农村金融服务的有力支柱，成为完善农业生产保障体系的重要抓手。

（九）不断完善各类金融避险手段

为解决农民信用体系薄弱，农户贷款难、贷款贵的问题，2016年5月，国家农业信贷担保联盟有限责任公司（简称为农担公司）在北京成立，以"惠农担保，助农增收"为职责，以"政策性、专业性、规范性"为目标，充分发挥经营信用、分担风险和银农桥梁作用，为乡村振兴的发展注入"金融活水"，是国家层面推进农业供给侧结构性改革、健全农业信贷担保体系、提升金融服务"三农"实力的重大举措。农担公司与银行等金融机构开展总对总的战略合作，建立适用于公司和省级机构的银担风险共担机制，建立风险补偿和风险救助机制，研发建立统一规划、统一标准的全国农业信贷担保业务数据信息系统，实行线上申报和管理，实现项目评审和风险控制等工作的信息化。

农村信用体系是社会信用体系的重要组成部分，对于乡村振兴具有重要意义。为防范和化解金融风险，促进金融稳定和发展，维护正常的社会经济秩序，保护群众权益，推进政府更好地履行经济调节、市场监管、社会管理和公共服务职能，一些部门和地区相继开展了多种形式的社会信用体系建设试点工作。近年来，各地以科技为支撑不断创新农村信用体系的建设模式，营造"守信光荣、失信可耻"的社会环境，为产业发展、乡村振兴构筑了持续有力的金融支撑。

（十）完善法规政策体系

随着全面风险管理理念和风险意识不断增强，风险管理部门从推进风险管理规范化法制化、完善政策框架体系、丰富政策内容等方面加强风险控制能力，提高风险管理队伍的素质，形成完整、科学、有效的风险分配机制，从而有效预防、应对风险，更好地实现风险管理。

1. 推进风险管理规范化法制化

2006 年农业部挂牌成立了"农业部应急管理办公室",并且出台了《农业重大自然灾害突发事件应急预案》《全国草原火灾应急预案》等应急管理预案。2013 年,农业部发布了《关于进一步加强农业应急管理工作的意见》,指出要建立和健全农业气象灾害、农业资源环境污染、草原火灾等监测预警服务体系。2014 年农业部围绕农业重大自然灾害等内容,制定了《农业应急管理信息化建设总体规划(2014—2017 年)》。2017 年国务院办公厅印发的《国家综合防灾减灾规划(2016—2020 年)》,强调要全面提升全社会抵御自然灾害的综合防范能力。2018 年 3 月,中共中央印发《深化党和国家机构改革方案》,将不同机构分头负责的应急管理、消防管理、救灾、地质灾害防治、水旱灾害防治、草原防火、森林防火等职责整合,组建应急管理部,这是党中央立足我国灾害事故多发、频发基本国情作出的重大战略决策。同时公安消防部队、武警森林部队转制后,与安全生产等应急救援队伍一并作为综合性常态应急骨干力量。经过努力,我国初步建立了统一指挥、专常兼备、反应灵敏、上下联动的中国特色应急管理体制,基本构建了应急管理制度体系和应急管理能力体系,基本实现了向"全灾种、大应急"转变,有效应对了一系列重大灾害事故,新部门、新机制、新队伍优势日益显现。

2. 完善农业保险政策框架体系

我国从 2004 年开展政策性农业保险试点工作。此后的每年中央 1 号文件都提出了农业保险发展的具体政策要求。2012 年,国家发布《农业保险条例》,对农业保险经营、保费补贴比例、补贴险种、保障范围等进行了明确规定,结束了我国农业保险发展长期无法可依的局面,开启了农业保险发展的新纪元,标志着我国农业保险进入规范化、法制化发展的新阶段。2015 年中央 1 号文件提出"保险＋期货"的新模式，将保险公司的经营风险与期货市场结合，促进农产品保值。2016 年中央 1 号文件创新推出重要农产品目标价格保险、收入保险、天气指数保险等多个保险品种，开展地方特色优势农产品保险、渔业保险、设施农业保险等。同年中国保监会、国务院扶贫开发领导小组办公室发布《关于做好保险业助推脱贫攻坚工作的意见》，精准对接农业保险服务需求，帮助受灾农户尽快恢复生产。2017 年中央 1 号文件探索建立农产品收入保险制度，鼓励地方探索土地流转履约保证保险。2018 年，水稻、小麦、玉米三大主粮作物开展完全成本保险和收入保险试点。2019年，探索地方优势特色农产品保险以奖代补试点，同年财政部、农业农村部等 4 部委联合发布《关于加快农业保险高质量发展的指导意见》，以促进农业保险高质量发展，更好地发挥保险保障作用。2021 年，财政部、农业农村部、中国银保监会联合发布《关于扩大三大粮食作物完全成本保险和种植收入保险实施范围的通知》，进一步提升农业保险保障水平，推动农业保险转型升级（表 7）。

表 7　近 10 年出台的农业保险相关政策

年份	文件来源	相关内容
2010	中央 1 号文件《关于加大统筹城乡发展力度进一步夯实农业农村发展基础的若干意见》	提高农业对外开放水平。推动农产品出口信贷创新，探索建立出口信用保险与农业保险相结合的风险防范机制
2011	中央 1 号文件《关于加快水利改革发展的决定》	加强对水利建设的金融支持。鼓励和支持发展洪水保险
2012	中央 1 号文件《关于加快推进农业科技创新持续增强农产品供给保障能力的若干意见》	扩大农业保险险种和覆盖面，开展设施农业保费补贴试点，扩大森林保险保费补贴试点范围，扶持发展渔业互助保险，鼓励地方开展优势农产品生产保险。着力抓好种业科技创新，对符合条件的种子生产开展保险试点

（续）

年份	文件来源	相关内容
2012	《农业保险条例》	农业保险政策目标明确为加强对农业的风险管理、提高农业生产抗风险能力。创新农业保险的形式，完善政策性农业保险制度的不足，政府要充分发挥主导作用
2013	中央1号文件《关于加快发展现代农业进一步增强农村发展活力的若干意见》	加强涉农信贷与保险协作配合，创新符合农村特点的抵（质）押担保方式和融资工具，建立多层次、多形式的农业信用担保体系。扩大林权抵押贷款规模，完善林业贷款贴息政策。健全政策性农业保险制度，完善农业保险保费补贴政策，加大对中西部地区、生产大县农业保险保费补贴力度，适当提高部分险种的保费补贴比例。开展农作物制种、渔业、农机、农房保险和重点国有林区森林保险保费补贴试点。推进建立财政支持的农业保险大灾风险分散机制
2013	《农业保险大灾风险准备金管理办法》	进一步完善农业保险大灾风险分散机制，规范农业保险大灾风险准备金管理，促进农业保险持续健康发展。对大灾准备金的计提进行规范，加大对大灾准备金的管理力度，弥补大灾风险分散机制的缺陷
2014	中央1号文件《关于全面深化农村改革加快推进农业现代化的若干意见》	探索粮食、生猪等农产品目标价格保险试点，加大农业保险支持力度。提高中央、省级财政对主要粮食作物保险的保费补贴比例，逐步减少或取消产粮大县县级保费补贴，不断提高稻谷、小麦、玉米三大粮食品种保险的覆盖面和风险保障水平。鼓励保险机构开展绿色优势农产品保险，有条件的地方提供保费补贴，中央财政通过以奖代补等方式予以支持。扩大畜产品及森林保险范围和覆盖区域。探索开办涉农金融领域的贷款保证保险和信用保险等业务

（续）

年份	文件来源	相关内容
2015	中央 1 号文件《关于加大改革创新力度加快农业现代化建设的若干意见》	积极开展农产品价格保险试点。加大中央、省级财政对主要粮食作物保险的保费补贴力度。将主要粮食作物制种保险纳入中央财政保费补贴目录。中央对财政补贴险种的保险金额应覆盖直接物化成本，加快研究出台对地方特色优势农产品保险的中央财政以奖代补政策。扩大森林保险范围。积极推动农村金融立法，明确政策性和商业性金融支农责任，促进新型农村合作金融、农业保险健康发展
2016	中央 1 号文件《关于落实发展新理念加快农业现代化实现全面小康目标的若干意见》	积极开发适应新型农业经营主体需求的保险品种。探索开展重要农产品目标价格保险，以及收入保险、天气指数保险试点。支持地方发展特色优势农产品保险、渔业保险、设施农业保险。完善森林保险制度。探索建立农业补贴、涉农信贷、农产品期货和农业保险联动机制。积极探索农业保险保单质押贷款和农户信用保证保险。稳步扩大"保险＋期货"试点。鼓励和支持保险资金开展支农融资业务创新试点
2017	中央 1 号文件《关于深入推进农业供给侧结构性改革加快培育农业农村发展新动能的若干意见》	持续推进农业保险扩面、增品、提标，开发满足新型农业经营主体需求的保险产品。支持扩大农产品价格指数保险试点，稳步扩大"保险＋期货"试点。探索建立农产品收入保险制度。鼓励地方探索土地流转履约保证保险。引导规模经营健康发展
2018	中央 1 号文件《中共中央国务院关于实施乡村振兴战略的意见》	探索开展稻谷、小麦、玉米三大粮食作物完全成本保险和收入保险试点，加快建立多层次农业保险体系。深入推进农产品期货期权市场建设，稳步扩大"保险＋期货"试点，探索"订单农业＋期货（权）"试点
2018	《关于开展三大粮食作物完全成本保险和收入保险试点工作的通知》	对水稻、小麦、玉米三大主粮作物开展完全成本保险和收入保险试点

（续）

年份	文件来源	相关内容
2019	中央 1 号文件《关于坚持农业农村优先发展做好"三农"工作的若干意见》	按照扩面、增品、提标的要求，完善农业保险政策。推进稻谷、小麦、玉米完全成本保险和收入保险试点。扩大农业大灾保险试点和"保险＋期货"试点。探索对地方优势特色农产品保险实施以奖代补试点
2019	《关于金融服务乡村振兴的指导意见》	建立健全政府性融资担保和风险分担机制，发挥农业信贷担保体系和农业保险作用，弥补农业收益低风险高、信息不对称的短板，促进金融资源回流农村
2019	《关于加快农业保险高质量发展的指导意见》	明确农业保险发展的原则、方向、目标及保障方式等，对我国农业保险制度改革具有重要的指导作用
2020	中央 1 号文件《关于抓好"三农"领域重点工作确保如期实现全面小康的意见》	推进稻谷、小麦、玉米完全成本保险和收入保险试点。抓好农业保险保费政策补贴政策落实，督促保险机构及时足额理赔。优化"保险＋期货"试点模式
2021	中央 1 号文件《关于全面推进乡村振兴加快农业农村现代化的意见》	扩大稻谷、小麦、玉米三大粮食作物完全成本保险和收入保险试点范围，支持有条件的省份降低产粮大县三大粮食作物农业保险保费县级补贴比例。将地方优势特色农产品保险以奖代补做法逐步扩大到全国。健全农业再保险制度。发挥"保险＋期货"在服务乡村振兴发展中的作用
2021	《中共中央关于制定国民经济和社会发展第十四个五年规划和二〇三五年远景目标的建议》	健全农村金融服务体系，发展农业保险
2021	《关于扩大三大粮食作物完全成本保险和种植收入保险实施范围的通知》	通过扩大三大粮食作物完全成本保险和种植收入保险实施范围，进一步增强农业保险产品吸引力，助力健全符合我国农业发展特点的支持保护政策体系和农村金融服务体系，稳定种粮农民收益，支持现代农业发展，保障国家粮食安全

3. 不断丰富应急预案管理

2005 年 1 月，国务院印发了《关于实施国家突发公共事件总体应急预案的决定》。同年 5 月，国务院颁发了《国家自然灾害救助应急预案》，两个应急预案都明确规定了自然灾害救助的启动条件、组织指挥体系、职责任务，以及灾害的应急准备、应急响应、灾后救助、灾后恢复与重建等工作。2006 年 6 月，国务院印发《关于全面加强应急管理工作的意见》，明确提出要加强应急预案体系建设和管理。2008 年 12 月，民政部下发《关于加强自然灾害救助应急预案体系建设的指导意见》，对各级民政部门如何加强自然灾害救助应急预案体系建设提出了指导意见。接着，民政部又制定下发了《自然灾害救助应急预案框架指南》，具体指导地方民政部门推进救灾应急预案编制修订工作。2010 年，《自然灾害救助条例》发布，进一步明确了政府在自然灾害救助中的职责，村委会、居委会以及红十字会、慈善会和公募基金会等社会组织在自然灾害救助中的作用。2011 年，根据当时救灾工作的需要，国务院重新修订了《国家自然灾害救助应急预案》。2016 年，国务院办公厅正式向社会发布了修订后的《国家自然灾害救助应急预案》，从组织指挥体系、灾害预警响应、信息报告和发布、国家应急响应、灾后救助与恢复重建、保障措施等方面做出了明确规定，进一步健全了应对突发重大自然灾害紧急救助体系和运行机制，规范了紧急救助行为。2019 年，国家为进一步规范自然灾害救助工作，对《自然灾害救助条例》的部分条款进行了修订。

三、农业风险管理取得的成效

经过多年的不懈努力，我国农业风险管理事业有了长足发展，制度不断健全，政策逐步完善，基本建成涵盖农业防灾减灾、农业灾害救助、农业风险转移与分散三大方面的农业风险管理体系，成效明显。

（一）中国特色农业风险管理体系初步建立

习近平同志指出："必须坚持总体国家安全观，以人民安全为宗旨，以政治安全为根本，以经济安全为基础，以军事、文化、社会安全为保障，以促进国际安全为依托，走出一条中国特色国家安全道路。"党的十八大以来，我国不断加强农业风险管理，初步构建了一个政府部门、社会组织和农户各司其职、相互配合，小、中、大风险分层管理，产前、产中、产后风险链条相互串联的多主体、分层次、综合性的中国特色农业风险管理体系。

第一，农业风险管理工具组合初步形成。农业风险管理工具从过去主要依靠农民的经验、农业科技和政府的救济，转变为开始依靠政策性工具和市场化工具，逐步应用了农业保险、农产品期货、订单农业等风险管理工具，从而实现了风险的分散与转移。比如巨灾风险管理，从过去单纯依靠救济措施，逐步转变为依托农业保险，建立政府与市场合作的大灾风险分散机制。可以说，基本构建了针对不同类型、不同层级农业风险，使用不同农业风险管理工具的布局，风险管理水平不断提升。

　　第二，防灾减灾的财政支持体系基本建立。在重大动物疫病防治方面，财政资金重点用于畜禽重大动物疫病强制免疫，集中采购疫苗的配套补贴；在农业保险的保费补贴方面，各级财政都设立了专门的保费补贴专项预算，减轻农民保费负担；在农业抗灾救灾资金保障方面，各级都建立了包括资金整合的农业抗灾救灾应急机制，支持农业抗灾救灾，减少农业灾害损失，促进农业恢复生产。

　　第三，农业灾害救助体系基本形成。经过多年发展，我国已基本形成农业灾害救助体系。农业灾害救助体系包括政府救助和社会救助，其中政府救助包括财政支出、农业支出、社会保障补助以及政策性补贴支出中的部分救济金，社会救助指社会团体的救援及企业和个人的捐款等。

　　第四，应急预案体系基本建成。在国家层面主要由总体、专项、部门三个层次构成（表8）。省级和地（市）级相应的应急预案也初步完成，截至2020年，全国96％的县级、56％的乡镇（街道）和29％的行政村（社区）陆续制定了预案实施办法和应急工作规程，全国从上到下的灾害救助应急预案体系基本形成。

表8　国家层面应对突发性自然灾害预警体系

种　类	内　容
总体应急预案	《国家突发公共事件总体应急预案》
专项应急预案	《国家自然灾害救助应急预案》《国家防汛抗旱应急预案》《国家地震应急预案》《国家突发地质灾害应急预案》《国家处置重特大森林火灾应急预案》等
部门应急预案	《水路交通突发公共事件应急预案》《公路交通突发公共事件应急预案》《三峡葛洲坝梯级枢纽破坏性地震应急预案》《农业重大自然灾害突发事件应急预案》《草原火灾应急预案》《农业重大有害生物及外来生物入侵突发事件应急预案》《重大外来林业有害生物应急预案》《重大沙尘暴灾害应急预案》《重大气象灾害预警应急预案》《风暴潮、海啸、海冰灾害应急预案》《赤潮灾害应急预案》《中国红十字总会自然灾害等突发公共事件应急预案》等

第五，农业风险管理研究队伍基本建成。鉴于农业风险的特征，在国务院领导的关心支持下，我国于 2013 年专门成立了"中国农业风险管理研究会"，搭建与有关部委、地方政府、科研机构、社会团体等的信息交流合作平台。在农业农村部、民政部等部委的领导下，凝聚会员单位和社会各界力量，结合我国国情农情，不断探索总结各地的实践创新，提升农业风险管理研究的深度和广度，初步形成了中国特色的农业风险管理理论体系和政策体系，有力支撑我国农业产业健康平稳运行。除了中国农业风险管理研究会以外，国内还有农业农村部农村经济研究中心、中国农业科学院、中国农业大学等单位和科研院所以及高校都有专门的力量研究农业风险管理问题，建立了一支相对稳定的关注农业风险管理问题的研究队伍。

（二）中国特色农业风险管理优势显现

我国建立的中国特色农业风险管理体系彰显出了强大的生命力和独特的优势，主要体现在以下四个方面。

第一，党的集中统一领导。中国共产党的领导是中国特色社会主义最本质的特征，是中国特色社会主义制度的最大优势，党的集中统一领导是战胜一切风险和突发事件的"定海神针"。在中国共产党的统一领导下，各地能够实现对风险应对的统一指挥、统一协调、统一调度。通过自上而下的强大组织网络，建立起非常强的组织动员能力，能够确保"一竿子插到底"，把中央的决策部署迅速传达到最基层，把党的领导落实到应对农业风险事件的各方面、各环节，形成强有力的应对"拳头"。

第二，以人民为中心、人民至上。习近平总书记指出："人民就是江山，江山就是人民。"人民立场是中国共产党的根本政治立场，是马克思主义政党区别于其他政党的显著标志。中国共产党把人民的利益放在至上的位置，坚持人民至上、紧紧依靠人民、不断造福人民、牢牢植根人民，把确保人民群众的生命安全和身体健康作为治国理政的重大任务。在各类农业风险事件面前表现得更加突出，首要任务就是保障广大农民的生命和财产安全。

第三，举国共同应对。 重大农业风险事件发生以后，全国人民都在关注灾区。这些事件具有急难险重、任务量大、点多面广等特点，经常需要进行跨部门、跨层级、跨地域、跨领域协调，从全国整体和大局出发，国家形成了具有强大政治优势和组织优势的中国特色的举国体制，"一方有难，八方支援"。无论是地震，还是洪水灾害，中国的速度之快、规模之大，世界罕见，展现出了中国速度、中国规模、中国效率，可以供其他国家学习和借鉴。

第四，集中力量办大事。 习近平总书记指出："我们最大的优势是我国社会主义制度能够集中力量办大事。这是我们成就事业的重要法宝。"在中国共产党的领导下，国家能够统筹运用综合国力，有效组织调配财政资金、调配人力资源，全方位调配物资，开展科技突击战、资源运动战等，及时应对重大风险挑战。

（三）农业对灾害的承受能力增强

2010—2020 年，农作物受灾面积、绝收面积整体呈下降趋势，分别由 37 425.9 千公顷、4 863.2 千公顷降至 19 960 千公顷、2 710千公顷，降幅分别为 87.5％和 79.5％（表 9）。

表 9　2010—2020 年我国农业自然灾害受灾情况

年　份	农作物受灾面积/ 千公顷	农作物绝收面积/ 千公顷	绝收率/ ％
2010	37 425.9	4 863.2	13.0
2011	32 470.5	2 891.7	8.9

（续）

年　份	农作物受灾面积/ 千公顷	农作物绝收面积/ 千公顷	绝收率/ %
2012	24 962.0	1 826.3	7.3
2013	31 349.8	3 844.4	12.3
2014	24 890.7	3 090.3	12.4
2015	21 769.8	2 232.7	10.3
2016	26 220.7	2 902.2	11.1
2017	18 478.1	1 826.7	9.9
2018	20 814.3	2 585.0	12.4
2019	19 256.9	2 802.0	14.6
2020	19 960.0	2 710.0	13.6

数据来源：《中国统计年鉴》。

（四）灾害救助能力稳步提升

经过多年发展，从中央到地方，各级救灾物资储备网络不断完善，物资品种不断丰富，调运能力明显增强，基本建成了政府为主、社会为辅、军民兼容、平战结合、中央和地方合理布局的救灾物资储备网络。全国建立了中央救灾物资储备库 20 个、省级救灾物资储备库和区域库 60 个、地级库 240 个、县级库 2 000 余个，基本形成了"中央—省—市—县"四级物资储备体系，确保自然灾害发生后 12 小时之内受灾群众基本生活得到有效救助，为有效应对重特大灾害、切实保障受灾群众基本生活发挥了重要支撑作用。

（五）农业保险保障功能日益凸显

改革开放以来，特别是 2007 年实行农业保险保费补贴和 2013 年《农业保险条例》实施以来，我国农业保险进入快速发展的新阶段，"中央政策性险种为主导，地方政策性险种、商业型险种和创新型险种为补充"的立体式农险产品体系不断完善，农业保险保障功能进一步凸显。

第一，保险产品类型不断丰富。 除了传统损失保险外，创新推出天气指数保险、价格保险（保险＋期货）、产量保险、收入保险、地方特色优势农产品保险、名贵动物（大熊猫、梅花鹿）专属保险等产品类型。其中，开展的气象指数保险业务主要有：西甜瓜梅雨强度指数保险（上海）、小麦种植天气指数保险（安徽）、水稻高温热害天气指数保险（安徽）、蜜橘树气象指数保险（江西）、海珍品风力指数保险（大连）、烟叶冻灾和水灾指数保险（福建）、大豆及玉米种植保险（黑龙江）、蜂业保险（北京等地）、橡胶风灾指数保险（海南）等。积极发展与脱贫产业配套的特色农险，开发各类特色产业扶贫保险产品。截至 2019 年，保险业累计开发报备扶贫专属农险产品 425 个。针对"三区三州"等深度贫困地区农业特点，保险业开发特色保险产品和扶贫专项产品，包括牛、羊等养殖业保险和草原保险产品，支持地处牧区的农业产业发展。

第二，保障范围不断扩大。 农、林、牧、渔业等 200 多种农产品得到保障，洪水、渔业、农产品生产、森林、农作物制种、贷款保证、信用、农产品价格指数等也相继成为保险标的。地方优势特色农险产品不断增加，食用菌、中药材、茶叶、桂花树、花椒、水果、骆驼、禽类、水产、辣椒、杂粮杂豆、温室大棚、人参、五味子、灵芝、贝母、延黄牛等上百种地方特色优势农产品保险均已开发，有效支撑了地方特色产业发展。针对家庭农场、农业龙头企业等新型经营主体"投入高、收益高、风险高"的特点，采取"政策性保险＋商业保险""基本保障＋补充保障"等方式提高保障程度，同时量身定制专属农险产品。

第三，受益农户数量不断增多。 2016—2019 年，农业保险累计为 9 840 万建档立卡户、不稳定脱贫户提供风险保险 9 121 亿元，累计为 3 031 万户受灾的这类农户支付赔款 230.4 亿元，极大地解决了农村贫困群体"因病因灾致贫返贫"的突出问题。2020 年提供风险保障 4.1 万亿元，同比增长 8.6%；参保农户 18 893.4 万户次，同比下降 1.1%；支付赔款 616.6 亿元，同比增长 10.1%；受益农户 5 181.9 万户次，同比增长 5.4%。

四、农业风险管理面临的突出问题

虽然近年来我国农业风险管理取得明显进展，但与发达国家相比，还有一定差距。面对新冠肺炎疫情带来的巨大挑战和冲击，面对实现农业现代化和推进乡村全面振兴的重大战略任务，农业风险管理仍然是三农工作的短板，主要体现在：

（一）农业风险管理体系有待健全

新时期农业风险的多发性、多因性、突发性、系统性和复杂性，对农业风险管理提出了更高的要求，必须站在保障国家粮食安全和推进乡村全面振兴的战略高度来系统谋划、做好顶层设计。然而现实中，由于制度设计不够完善，初始风险往往通过制度漏洞衍生出更多的制度性风险。当前我国农业风险管理的职能分散在农业农村、发改、民政、应急管理、银保监、证监等多个部委之中，即使在同一部委内，该项职能也分散在不同司局，彼此之间协调性不够。这种以分散管理为特点的风险管理体制，与现代社会对农业风险管理的基本要求并不匹配。受主客观条件制约，相关部门或基层在应对农业风险上捉襟见肘，常常存在有力不会使、使不出甚至使错地方的现象。此外，当前农业风险管理理论研究储备不足，导致对农业风险管理的一些规律性的把控能力还不够强。

（二）农业风险管理手段缺乏系统集成

各类风险已经不再孤立存在，而是相互关联、相关转化，风险的复合性增加。经过多年建设，我国已经有了一些农业风险管理的手段和工具，比如应对植物病虫害的植保体系，应对动物疫病的防控体系，还有农业保险、大宗农产品期货等金融工具。然而，现有的农业风险管理手段多为点式散装，各种管理工具缺少衔接与合作，尚未形成链式的系统集成管理，事前风险防控、非常规风险管理手段有限。农业风险管理仍然由政府主导，政府直接补贴远远高于间接补贴，农业保险、信贷、担保、期货等市场化风险管理工具发育不足，保险保障水平较低，信贷占比较大，担保市场严重滞后，期货品种较少。有些上市的农产品期货期权品种又因政府部门干预措施无法充分发挥作用。利用金融管理农业风险的有效性受限，抑制了风险管理作用的发挥。

（三）农业风险管理科技支撑能力有限

由于风险的多源性、多样性和复合性，风险生成路径逐渐变得不确定；又由于传统分析技术的失灵及新型分析技术的不成熟，人们对风险的认识出现了断裂和盲点。两方面因素相互叠加，风险的不确定性增强了，对风险管理的科技支撑能力提出了更高的要求。农业农村数据点多面广，且分散在多个部门、多个主体，需要充分发挥互联网、物联网等现代科学技术在农业风险防控中的作用。然而，目前农业风险管理科技支撑能力仍然不强，大数据、区块链、物联网等现代信息化技术融入农业生产经营管理的水平还不高，利用现代技术装备进行农情监测、风险预测、辅助决策、防灾减损、灾后管理的能力不足。

（四）农业保险的作用还需挖掘

现行农业保险制度实施十余年来，对防范农业风险、促进农业发展和保障农民利益发挥了重要作用。但是农业保险在发挥救灾减损作用的同时，仍存在高保障与低配套、业务量增多与承接能力弱、市场化竞争与成本升高等矛盾。

一是保障程度不够。大部分还是停留在保物化成本上，一些湖南的种粮大户反映，现在每季水稻生产直接投入每亩约为 850 元，而按现有的保险政策绝收后每亩仅赔付 360 元，保障程度还是太低了。虽然有一部分地区开展完全成本保险和收入保险的试点，但是试点区域非常有限。

二是定损和赔付不够精准。在不同的空间位置、不同的环境条件下，同一种农作物所面临的风险不同，甚至在很小的范围也有很大的差异。不同风险造成农作物产量损失程度和损失的频率分布也不相同。如果实行自愿投保，逆选择和道德风险就很难避免。如果划分农作物保险的风险区域或确定不同地区的风险等级，并在此基础上厘定区划费率，定损和赔付将会更加精准。

三是保费奖补效率没有得到充分发挥。一些地方政府不明白如何开展特色农产品保险的保费奖补工作，更没有建立监督考评机制，使得各项保费奖补政策无法落实到位，奖补效率没有发挥出来，干好和不干没有明显差别。

四是农业保险保费收取难。虽然财政部、农业农村部等部委共同督促，但省级财政补贴配套标准仍不一致，县级财政保费补贴滞后现象较为严重。农业保险需求大的地区，往往财政较为薄弱，县级补贴负担过重的问题较为突出，一定程度上影响了地方政府推动农业保险的积极性。

五是保险经营成本居高不下。进入农业保险的市场主体数量激增，有的省份甚至有十几家农业保险公司同时开展业务，市场规模划分过细，导致谁也做不大、谁也做不强，成本逐年增加，效率不断下降。大多数农业保险公司经营成本超过 20%，如果要求农业保险公司在县级设机构、乡级设站点、村级有人员，还将进一步推高成本。

六保险机构服务能力不足。一个基层县支公司往往最多只有十几个人，面对上百万亩的农作物承保理赔任务，实现精细化管理是不现实的。由于 3S 技术应用和影像系统上线，基层农险人员验标、地号标注、影像资料留存工作量大。还有一些地方的农险承保户次绝对数量大，职均负担户数多，人手不足，业务管理不到位，甚至存在合规风险隐患。

（五）地方财政支持力度仍然有限

习近平总书记指出，农业面对着自然灾害和市场波动的双重风险，必须有国家支持保护。面临突发重大事件，政府要迅速组织和调动资源以应对危机，而由于事发突然，基础设施和救急物资难免会面临紧张局面，此时特别需要应急财政建设，迅速调动各方积极性以缓解供给不足问题。在我国农业风险管理体系中，中央政府部门既是农业风险管理工作的主导方，也是财政资金支持的主要供给方，但是地方政府对农业风险管理重视程度不足，存在"等、靠、要"思想，在资金支持力度上相对有限。有的地方政府甚至认为，已经有了农业保险体系，在风险管理的其他方面就可以减少投入甚至不需要投了。

（六）各类社会力量参与明显不足

当前我国农业发展进入新阶段，外部风险形势复杂多变，内部风险频现重现，农业风险管理更多属于基本公共服务的范畴，理应由政府起主导作用，但政府的力量、精力、能力、时间等有限。因此，社会力量参与重大突发公共事件治理，是自然而然、顺理成章的。然而，由于缺乏有效的动员激励机制、组织协调机制、需求对接机制、信息共享机制等，对社会组织、志愿服务组织、社会工作服务机构等社会力量参与农业风险管理的引导不够有力，导致其参与的主动性、积极性不高。迫切需要整合社会力量，发挥社会组织的协同作用，以解决政府力量不够、专业技能不足的问题。

五、健全农业风险管理体系的政策建议

中国越强大就越需要保障安全，农业风险管理事关国家安全，事关乡村振兴总体目标的实现，不仅是重要的经济问题，而且是重大的政治问题，因此，中国需要建立完善的农业风险管理体系，及时应对各种风险和重大挑战，及时化危为机，转危为安。习近平总书记指出："我们要把责任扛在肩上，时刻准备应对重大挑战、抵御重大风险、克服重大阻力、解决重大矛盾，以不畏艰险、攻坚克难的勇气，以昂扬向上、奋发有为的锐气，不断把中华民族伟大复兴事业推向前进。"在世界政治和经济格局深刻转变的情况下，必须着眼国家安全和发展全局，加快破解农业风险高发频发与风险管理能力不足之间的矛盾，加强农业风险管理，结合中国的国情、农情和农业农村经济发展的现实需要，不断完善中国特色的农业风险管理体系和政策体系。

（一）进一步深化对农业风险管理的认识

农业风险管理具有创新性、理论性和政策性等特点。在任何时候任何情况下都要居安思危、有备无患，要树立总体风险观，把农业风险管理作为完善农业支持保护、服务农业高质量发展、服务乡村振兴的重要手段，提升到国家战略层面来通盘考虑。在通向全面建成社会主义现代化强国的新征程上，要树立系统思维、底线思维和综合风险管理理念，进一步增强忧患意识，健全利益共享、风险共担的管理思路，战胜新的风险挑战。近年来发生的重大风险事件反复证明，越是短板漏洞弱项就越是重大风险的触发点，越是防控风险的关键点。全面推进乡村振兴、全面现代化，不仅要固根基、扬优势，而且要补短板、强弱项，由不全面到全面、不完善到完善，从而大大增强风险防控能力。创新农业风险管理工作机制，建议在农业农村部门设立专门的农业风险管理机构，牵头负责农业风险管理具体工作。

（二）提高农业风险管理理论研究水平

要围绕更好地服务农业高质量发展，更好地服务实施乡村振兴战略，进一步深化中国特色农业风险管理理论研究的高度、广度和深度，加强对农业风险管理所涉及的重大理论问题和政策问题的深入思考，探寻中国特色农业风险管理的科学规律。如习近平总书记所言："我们强调重视形势分析，对形势做出科学判断，是为制定方针、描绘蓝图提供依据，也是为了使全党同志特别是各级领导干部增强忧患意识，做到居安思危、知危图安。"要加强学科建设，加快复合型专业人才培育，力争在农业风险管理的关键领域、关键问题上寻求突破，有所作为，有所建树。

（三）加大基础设施投入夯实应对风险的基础

习近平总书记指出，当前，我国正处于一个大有可为的历史机遇期，发展形势总的是好的，但前进道路不可能一帆风顺，越是取得成绩的时候，越是要有如履薄冰的谨慎，越是要有居安思危的忧患，绝不能犯战略性、颠覆性错误。不能"重灾害响应，轻风险管理"，而应贯彻落实"藏粮于地、藏粮于技"战略，切实夯实应对各类风险的基础。一是像保护大熊猫一样保护耕地。采取长牙齿的硬措施，确保永久基本农田只增不减。二是严格按照中央要求建设高标准农田。到 2022 年建成高标准农田 6 666.7 万公顷，使有限的资源产出更多的产品。三是确保粮食播种面积和产量稳定增长。坚守 1.7 亿公顷粮食播种面积，5 333.3 万公顷稻谷、小麦口粮播种面积毫不放松。四是提高粮食单产。以大豆和玉米单产提升为突破口，打好种业翻身仗。

（四）完善农业风险管理的科技支撑体系

《中共中央　国务院关于构建更加完善的要素市场化配置体制机制的意见》提出，把要素的应急管理和配置作为国家应急管理体系建设的重要内容，适应应急物资生产调配和应急管理需要，建立对相关生产要素的紧急调拨、采购等制度，提高应急状态下的要素高效协同配置能力。鼓励运用大数据、人工智能、云计算等数字技术，在应急管理、疫情防控、资源调配、社会管理等方面更好发挥作用。因此，建议优化农业领域科技布局，在农业农村重大风险识别、评估、预警和管理方面设置重大专项，组织全国科技力量就其中的重大关键问题开展深层次研究，加快科研攻关和产业化应用，培养打造一批政、产、学、研、用协同合作的科技创新联盟，提高我国农业风险管理体系的科技支撑保障能力，推动农业风险的防控体系提质增效。加强数字技术的应用，提升风险管理的感知监测、联通能力以及决策能力。

（五）丰富农业风险管理手段

我们正在全面推进乡村振兴战略，时刻面对各种风险考验和重大挑战。建立起支持农业发展的"铜墙铁壁"，需要借鉴农业风险管理的全球经验，进一步丰富完善最低收购价、疫病防控、贸易合作、信贷担保、保险期货等各种农业风险管理工具，搭建"安全桥"，扣上"保险锁"，统筹发挥政府和市场的作用，提升政策组合效率，推动风险管理工具集成发力。加大改革创新力度，健全农业风险监测预警体系，加强重大植物病虫害和动物疫病等公共卫生安全防卫队伍建设，阻断风险的跨地域、跨层级、跨领域叠加。特别是进入 5G 时代，要善于运用新一代的信息技术，创新发展农产品期货、农业再保险、巨灾保险等金融工具，开发保险与衍生品市场组合的多元化农业风险管理工具，强化逆周期保障。下好先手棋，提高对重大挑战的判断力，有针对性地提出处理危机的预案，防患于未然，力争把风险化解在源头，将挑战转化为机遇，将压力转化为动力。

（六）提升农业保险服务能力

一是扩大农业保险的覆盖面。服务国家粮食安全战略，将水稻、小麦、玉米三大主粮作物参保率提高到 80％以上，调整和完善森林、草原保险制度，鼓励各地因地制宜开展优势特色农产品保险。加快农业保险向农业全产业链的延伸，将农机库棚、仓储冷库等农业生产设施设备纳入保险范围。**二是增加农业保险品种**。探索构建涵盖财政补贴基本险、商业险和附加险等的农业保险综合产品体系。在现行成本保险、完全成本保险和收入保险的基础上，积极推广指数保险、区域产量保险。积极稳妥探索农业收入保险，将农户收入保险作为脱贫攻坚与乡村振兴有机衔接的政策抓手。创新开展农村环境污染责任险、农产品质量险、农民短期意外伤害险等险种，积极发展适应各类农业经营主体需求的多元化、多层次保险产品，增加补充性、区域性的巨灾保险。**三是提高农业保险保障标准**。在全面覆盖农业生产直接物化成本的基础上，逐步提高保险保障水平，并尽快建立农业保险保障水平动态调整机制。同时将农业保险责任由保自然风险扩大到防范自然灾害和市场"双重风险"。稳步提高农业保险的深度和密度。**四是促进农业保险服务提速**。加大农业保险科技赋能力度，建立投保、勘损、理赔等综合服务信息化系统，提高农业保险出险赔偿能力。鼓励农业保险机构简化交易环节、优化服务模式，解决信息不对称问题，提高农业保险服务效率。加强对地方政府有关官员农业保险基本知识培训。**五是降低农业保险经营成本**。以应用互联网、大数据等科技手段，优化或创新农业保险产品形态、组织构架、业务流程、经营模式等方式节约成本。鼓励农业保险机构与农业服务机构联手，实现农业保险基层服务体系和农机推广、农技推广机构、动物防疫机构等农业基层服务体系联合开展业务，降低成本，促进生产技术、防灾技术、保险手段的结合。

（七）优化贸易格局和贸易政策

从战略层面思考中国农产品进出口贸易格局，在充分考虑不稳定性、不确定性明显增强的国际背景下制定农产品贸易战略。**一是多元化贸易布局**。出口方面，继续加大力度开发东盟、日本、欧盟等传统市场的潜力，强化与"一带一路"国家的贸易投资合作，积极开拓新兴替代市场。同时，鼓励企业大力拓展国内市场，满足人们对优质农产品的需要。进口方面，降低对单一农产品贸易国的进口集中度，开拓更多的进口产品来源国。**二是转变贸易政策**。在中非合作、"一带一路"合作、南南合作等国际合作中，要有新思路、大思路，把握贸易主动权，针对不同类型的国家，做好差异化合作规划，避免在农产品贸易上受制于人的极端情况出现。对贸易潜力成熟型国家，应维持并巩固合作成果，不断扩大新成果；对贸易潜力成长型国家，应保持合作优势，深入挖掘贸易潜力；对贸易潜力待开发型国家，应加强政治、文化交流，全面审视合作风险与优劣势，减少贸易阻碍，逐渐打开贸易新格局，实现贸易新成就。

（八）加快推进农业风险管理立法

法律制度是农业风险管理工作的制度保障，是国家意志、国家战略在农业风险管理领域的重要体现。我国农业风险管理相关法条散布在多部法典中，系统性和可操作性不强。应加快推进农业风险管理立法，通过制定相关法律，进一步健全中国特色农业风险管理体系。在立法理念上，要把握好四个过渡：从临灾应急管理向全面风险管理和防灾减灾体系建设过渡；从更多由政府包揽向政府主导与社会责任相结合过渡；从政府"顶层主导、层层推动"向严格落实分级责任制过渡；从降低灾害损失向降低灾害风险过渡。

（九）加大农业风险管理人才培养力度

要把人力资本开发放在首要位置，强化农业风险管理的人才支撑。**一是加强学科建设**。支持大中专院校增设农业风险管理专业，培养农业风险管理专业技术人才。**二是加强继续教育**。围绕农业风险管理重点领域、前沿技术、基础研究等方面，综合运用集中培训、研讨、进修、自修、案例教学、技术考察、咨询服务、对口培训、网络培训等多种形式，为从事农业风险管理工作的人员有针对性地开展继续教育服务。**三是加强技能培训**。支持各类培训机构加大对农业生产经营主体尤其是新型经营主体的风险教育培训力度，提高利用市场化风险管理工具分散和转移风险的能力。**四是支持企业参与农业风险管理人才培养**。引导保险机构建设实训基地、打造人才孵化基地、建设产学研协同创新基地，积极参与农业风险管理人才培养。

（十）强化农业风险管理宣传

习近平总书记强调："要坚持国家安全一切为了人民、一切依靠人民，动员全党全社会共同努力，汇聚起维护国家安全的强大力量，夯实国家安全的社会基础，防范化解各类安全风险，不断提高人民群众的安全感、幸福感。"因此，要通过宣传，统一思想认识，把农业风险管理的作用和意义讲清讲透，引起各方重视。充分利用广播、电视、报刊、互联网等媒体，大力宣传农业风险管理成效，以及好经验、好措施、好典型，为农业风险管理工作营造良好的舆论氛围，让社会各界都能关心和支持。建立有效的激励机制，提升资源整合与协同配合等方面的能力，引导社会力量参与农业风险管理，不断拓展和强化风险管理能力的链条。有效把好舆情引导的进度和节奏，防止简单化、一刀切、走极端。

参 考 文 献

柄熹，2021. 中美贸易冲突对中国进口大豆的冲击效应 [D]. 南昌：江西财经大学.

郭若冰，2021. 筑牢国家安全屏障 [J]. 瞭望 (31)：4-6.

郭芸芸，杨久栋，2020. 构建新时代农业风险管理理论与政策体系 [J]. 保险研究 (7)：77-82.

韩俊，2020. 加快构建新时代农业风险管理理论与政策体系 [J]. 乡村振兴 (7)：15-16.

姜波，2017. 农业物联网技术与农业机械化发展研究 [J]. 乡村科技 (14)：90-91.

李靖，徐雪高，常瑞甫，2011. 我国农业风险的变化趋势及风险管理体系的构建 [J]. 科技与经济，24 (2)：54-58.

李珺璐，2021. 健全再保险制度 农业产业安全才有保障：访首都经济贸易大学教授、农村保险研究所所长庹国柱 [N]. 农民日报，G 28 (6).

刘学文，2014. 中国农业风险管理研究：基于完善农业风险管理体系的视角 [D]. 成都：西南财经大学.

刘禹君，2021. 中国与"一带一路"沿线国家农产品贸易格局演化及优化策略 [J]. 浙江学刊 (4)：113-122.

龙文军，2009. 农业风险管理与农业保险 [M]. 北京：中国农业出版社.

龙文军，万开亮，李向敏，2007. 我国农业再保险体系建设研究 [J]. 农业经济问题 (6)：56-59.

龙文军，2021. "十四五"时期的农业保险：趋势判断、总体思路与保障机制 [J]. 中国保险 (2)：8-13.

麻吉亮，孔维升，朱铁辉，2020. 农业灾害的特征、影响以及防灾减灾抗灾机制：基于文献综述视角 [J]. 中国农业大学学报（社会科学版）(5)：122 - 129.

马玉荣，2020. 确保农业产业安全，全面推进乡村振兴：专访清华大学中国农村研究院副院长、中国农业风险管理研究会会长张红宇 [J]. 中国发展观察 (24)：21 - 24.

乔金亮，2021. 生猪基础政策切勿"翻烧饼" [N]. 经济日报，08 - 03 (5).

全国干部培训教材编审指导委员会办公室，2021. 应急管理体系和能力建设干部读本 [M]. 北京：党建读物出版社.

孙振杰，2021. 红火蚁：危险的外来生物 [J]. 生态经济，37 (5)：5 - 8.

唐园结，2020. 加快推进农业风险管理制度体系建设 [N]. 农民日报，7 - 9 (3).

唐永金，潘剑扬，2012. 我国近年农业气象与农业生物灾害的特点 [J]. 自然灾害学报，21 (1)：26 - 30.

王国军，2021. 农业再保险：过去、现在与未来 [N]. 金融时报，2 - 24 (12).

魏加威，杨汭华，2021. 我国农业再保险体系建设：国际经验与启示 [J]. 当代经济管理，43 (7)：1 - 13.

吴渭，2015. 产业链和利益相关者视角下的农业风险研究 [D]. 北京：中国农业大学.

吴天龙，习银生，2020. 强化政策保障 确保生猪产能顺利恢复 [J]. 猪业观察 (1)：28 - 30.

许世卫，2018. 中国农业监测预警的研究进展与展望 [J]. 农学学报，8 (1)：197 - 202.

杨久栋，于小君，郭芸芸，2021. 从战略高度重视农业风险管理：农业风险管理与金融创新理论研讨会成果综述 [J]. 保险理论与实践 (2)：130 - 137.

杨韵龙，2021. 提高中国粮食安全风险管理能力的思考 [J]. 农学学报，11 (3)：89 - 92.

袁长焕，2019. 黑龙江人工影响天气水平居全国前列 [N]. 黑龙江日报，08 - 14.

于文善，2020. 中国共产党现代减灾救灾体系的构建与基本经验 [J]. 阜阳师范大学学报（社会科学版）（6）：84－92.

张灿强，龙文军，2020. 要统筹做好疫情防控和春耕备播工作［J］. 种子科技（2）：5－6.

张合成，2014. 强化监测预警　完善市场体系［N］. 农民日报，1－7（6）.

张红宇，2020. 粮食总量、产业安全与农业风险管理［J］. 中国农村金融（9）：38－39.

张红宇，2021. 牢牢把握农业产业安全主动权［N］. 香港经济导报，7－25.

张红宇，胡凌啸，2020. 新冠肺炎疫情对农业农村经济的影响［J］. 中国农村金融（8）：31－34.

张立伟，2021. 全球粮食供应充裕下的国际市场价格上涨原因及对国内市场的影响［J］. 粮食问题研究（1）：40－45.

张峭，李越，王克，2019. 农业风险评估与管理概论［M］. 天津：南开大学出版社.

张峭，王克，等，2015. 中国农业风险综合管理［M］. 北京：中国农业科学技术出版社.

张峭，庹国柱，王克，等，2020. 中国农业风险管理体系的历史、现状和未来［J］. 保险理论与实践（7）：1－17.

张峭，李越，2020. 新机构　新征程　新使命："中国农再"创立意义、职责与任务［N］. 中国银行保险报，9－29（8）.

张莹，2020. 应进一步加强农业外来入侵物种防控［N］. 中国城乡金融报，11－04（B03）.

郑沃林，纪倩，2020. 农业风险管理体系的思考：基于气候变化和新型冠状病毒肺炎的视角［J］. 经济界（10）：90－96.

朱波，2010. 农业机械在防灾减灾中的应用［J］. 农业科技与装备（6）：114－115.

图书在版编目（CIP）数据

中国农业风险管理发展报告.2021 / 中国农业风险
管理研究会编.—北京：中国农业出版社，2021.9
ISBN 978-7-109-28799-0

Ⅰ.①中… Ⅱ.①中… Ⅲ.①农业管理-风险管理-
研究报告-中国-2021 Ⅳ.①F324

中国版本图书馆CIP数据核字（2021）第197075号

中国农业出版社出版

地址：北京市朝阳区麦子店街18号楼
邮编：100125
责任编辑：贾　彬　　文字编辑：耿增强
责任校对：吴丽婷
印刷：北京中兴印刷有限公司
版次：2021年9月第1版
印次：2021年9月北京第1次印刷
发行：新华书店北京发行所
开本：700mm×1000mm　1/16
印张：6.25
字数：70千字
定价：38.00元